本书编写组

主　编：张占斌
成　员：马宝成　陈安国　冯俏彬　徐　杰　李江涛　车文辉
　　　　黄　锟　樊继达　马小芳　王　茹　王海燕　张国华
　　　　王君琦　夏　凡　谢振东　邢凯旋　马海龙　吕洪业
　　　　孔世平　周跃辉　孙志远　水名岳　高立菲

中国经济新常态

（修订版）

国家行政学院经济学教研部 编著

人民出版社

出版说明

2014 年 5 月，习近平总书记在河南考察时首次提出"新常态"的概念，指出："我国发展仍处于重要战略机遇期，我们要增强信心，从当前我国经济发展的阶段性特征出发，适应新常态，保持战略上的平常心态。"11 月，在亚太经合组织（APEC）工商领导人峰会上，他首次全面而系统地阐述了中国经济新常态的特征、新机遇及如何适应处理新常态下的新问题新矛盾。他指出，能不能适应新常态，关键在于全面深化改革的力度。12 月，在中央经济工作会议上，他分析了我国经济发展的九个趋势性变化，强调我国经济发展进入新常态，认识新常态，适应新常态，引领新常态，是当前和今后一个时期我国经济发展的大逻辑。

为帮助广大干部群众深入学习和理解习近平总书记关于中国经济新常态的相关重要论述，贯彻落实好中央经济会议精神，把握中国经济新常态的基本特征，辩证看待、积极适应经济新常态，更好地推进中国经济的发展，我社邀请国家行政学院经济学部撰写了本书。不妥之处，敬请读者批评指正。

人民出版社

二〇一四年十二月

中国经济
新常态

目录

第三章 保持战略定力与平常心：新理念与新思维

第四章 全面深化改革：新动力与新举措

导　言

从战略全局研判中国经济新常态

基于对当前国内外宏观经济形势变化的分析判断，基于对经济增长速度逐渐放缓和质量效益提高的深刻关注，习近平总书记在2014年5月和7月对经济新常态做了重要论述，在11月份的APEC工商领导人峰会开幕式上对经济新常态的主要特点、发展机遇和全面深化改革等做了阐释，在12月召开的中央经济工作会议上，从九个方面分析了我国经济发展的趋势性变化，强调我国经济发展进入新常态。这是在国内外形势错综复杂、多重矛盾相互交织、各种风险挑战极为严峻的情况下作出的重要战略性判断，揭示了中国经济潜在增长率的新变化，研判了未来经济社会发展的新趋势。经济新常态的提出，既是马克思主义政治经济学的新成果，也是发展经济学的新突破。我们要从战略全局的高度科学认识新常态，辩证看待新常态，积极适应新常态，发挥经济体制改革的牵引作用，全面深化改革，推动中国经济结构全方位优化升级，加快从经济大国迈向经济强国。

一、中国经济增长新阶段促成经济新常态

中国经济过去三十多年的年均增长率接近10%，创造了世界经济史上的"中国奇迹"。当前，经济发展的内在支撑条件和外部需求环境都已发生了深刻的变化，要求经济增长速度进行"换挡"，要求

经济增长目标向合理区间进行"收敛"。习近平总书记提出经济新常态，也蕴含着对以下几个方面因素的考量：

一是全球经济格局深刻调整，我国外部需求出现常态萎缩。支撑我国三十多年经济高速增长的重要因素之一，就是因为走的是不断扩大出口的外向型经济发展道路。但从 2008 年国际金融危机以来，世界经济呈现出"总量需求增长缓慢、经济结构深度调整"的特征，使得我国的外部需求出现常态性萎缩。美欧等经济强国相继提出"再工业化""2020 战略""重生战略"等措施，意在结合新能源、新材料、新技术发展实体经济，抢占国际经济制高点。同时，还试图重构国际贸易规则，推进跨太平洋伙伴关系协议（Trans-Pacific Partnership Agreement，简称为 TPP）和跨大西洋贸易与投资伙伴协议（Transatlantic Trade and Investment Partnership，简称为 TTIP）谈判，实行新的贸易保护主义。而发展中国家都在努力调整发展模式，加快发展具有比较优势的产业，有限世界市场范围内的竞争更加激烈，这使得支撑中国经济高速增长的外部环境发生了巨大变化。

二是国际创新驱动竞争更为激烈，我国产业结构转型升级滞后。当前，第三次工业革命正迎面走来，主要发达国家纷纷加快发展战略性新兴产业，力图抢占未来科技创新和产业发展的制高点，这些新挑战倒逼着我国的经济发展方式要加快向创新驱动型转换。但长期以来，我国产业发展方式粗放，存在着"跑马占荒"等诸多问题，而科技创新能力不足，科技与产业的融合力度不够，使得很多产业竞争力不强、核心技术受制于他人。因此，政府投资就成了稳定经济增长的关键因素，由此而来的政府对市场的干预，很容易导致市场信号的失灵。为了改变这种被动局面，我们需要有所为、有所不为，需要主动放慢经济增长速度，为创新驱动经济转型、升级腾出空间、留出时间。

三是我国传统人口红利逐渐减少，资源环境约束正在加强。我国的经济增长结构正在发生历史性变化。目前，东部发达地区的劳动力供给短缺情况更加明显，"刘易斯拐点"正在到来，带动外向型经济的传统人口红利正在逐步减弱。我国过度依靠投资和外需的经济增长模式，已使得能源、资源、环境的制约影响越来越明显。过去能源资源和生态环境空间相对较大，可以放开手脚大干，现在环境承载能力已经达到或接近上限，石油、天然气等重要矿产资源的对外依存度在不断提高，要素的边际供给增量已难以支撑传统的经济高速发展路子，这也在客观上促使中国经济逐步回落到一个新的平稳增长区间。

四是我国面临跨越"中等收入陷阱"的挑战，改革红利有待强力释放。2013 年，我国人均 GDP 超过 6000 美元，已进入上中等收入国家行列，当前正处于跨越"中等收入陷阱"的关键历史阶段。从国际经验看，处在这个阶段的国家和地区，需要经济结构的优化升级，由此带动社会结构的变革，从而有利于打破利益固化的藩篱，增强社会流动性，使经济社会充满活力。反之，则可能落入"中等收入陷阱"。经济新常态下，我们必须逐步调整高速增长的经济发展模式，寻求新的增长动力，保障和改善民生，努力实现改革与发展红利的全民共享。

二、经济新常态是全方位优化升级的经济

习近平总书记指出："中国经济呈现出新常态，有几个主要特点。一是从高速增长转为中高速增长。二是经济结构不断优化升级，第三产业、消费需求逐步成为主体，城乡区域差距逐步缩小，居民收入占比上升，发展成果惠及更广大民众。三是从要素驱动、投资驱动转向

创新驱动。"[1] 我们理解习近平总书记关于经济新常态趋势性特征的重要论述说明，我国经济正在向形态更高级、分工更复杂、结构更合理的阶段演化。经济发展进入新常态，其包括：经济增长速度转换、经济发展方式转变、经济增长动力变化、资源配置方式转换、产业结构调整、经济福祉包容共享等在内的丰富内涵，认识新常态，适应新常态，引领新常态，是当前和今后一个时期我国经济发展的大逻辑。

一是增长速度由高速向中高速转换。这是经济新常态的基本特征。从近十年看，2003—2007 年，我国经济连续五年保持两位数的高速增长，2008 年受国际金融危机影响回落到一位数增长，而 2012 年和 2013 年进一步回落到 7.7% 的年增长率。根据国家统计局公布的数据，2014 年前三季度 GDP 同比增长 7.4%，经济增速进一步呈现出回稳态势。随着我国消费需求由模仿型、排浪式特征向个性化、多样化特征转变，出口由单纯的低成本快速扩张向高水平引进来、大规模走出去并重转变，生产要素相对优势由传统人口红利优势向人力资本质量和技术进步优势转变，经济增速出现回落趋势，我们必须理性对待这一变化，用"平常心"对待中高速增长新常态。

二是发展方式从规模速度型粗放增长向质量效率型集约增长转换。这是经济新常态的基本要求。改革开放三十多年来，我国经济发展建设所取得的成就举世瞩目。但同时必须清醒地认识到，发展中的不平衡、不协调、不可持续等问题依然突出。市场竞争主要靠数量扩张和价格的无序竞争，经济增长的资源环境约束不断强化，环境承载能力已经达到或接近上限，投资和消费关系不匹配，收入分配差距较大，农业发展基础薄弱，城乡区域发展不协调，就业总量压力和结构性矛盾并存等问题仍然比较突出。这就要求我们，必须正确看待经济

---

① 习近平:《谋求持久发展，共筑亚太梦想——在亚太经合组织工商领导人峰会开幕式上的演讲》,《人民日报》2014 年 1 月 10 日。

增长速度问题，应当在改进官员考核手段、提高经济质量和效益、走向质量型差异化的市场竞争、推进绿色和可持续发展、更加注重保障和改善民生等方面发力，努力打造"中国质量"升级版，实现经济发展方式向质量效率型集约增长转变。

三是产业结构由中低端水平向中高端水平转换。这是经济新常态下经济结构优化升级的主攻方向。改革开放以来，我国的产业结构主要位于全球价值链的中低端，比较利益较低。2013 年，我国第三产业增加值占 GDP 比重达 46.1%，首次超过第二产业；2014 年上半年，这一比例攀升至 46.6%。新兴产业、服务业、小微企业作用更加凸显，生产小型化、智能化、专业化逐步成为产业组织的基本特征，这些趋势性变化都是非常好的结构优化迹象。经济新常态下，注重通过发挥市场机制作用探索未来产业发展方向，加快转变农业发展方式，通过大力推动战略性新兴产业、先进制造业等产业的发展，优先发展生产性和生活性服务业，建立健全化解各类风险的体制机制等举措，等举措，将进一步提升我国产业在全球价值链中的地位，打造"中国效益"。

四是增长动力由要素驱动投资驱动向创新驱动转换。这是经济新常态的核心内涵。过去三十多年我国走的是高投入、高消耗、高污染、低产出的经济发展路子，目前依靠要素驱动和投资驱动的经济高速增长模式已难以为继。劳动力成本低的生产要素相对优势在发生变化，要素的规模驱动力在减弱。面对世界科技创新和产业革命的新一轮浪潮，面对企业主动转型、创新意愿的明显加强，我国经济增长的动力正逐步发生转换。2013 年我国全要素生产率水平是 1978 年的近 3 倍，这是由体制改革、技术进步、结构优化等因素综合作用的结果。我国经济正逐步转换增长动力，逐步从传统增长点转向新的增长点，更多依靠人力资本质量和技术进步，转入创新驱动型的经济新常态。值得指出的是，随着第三次工业革命迎面而来，一些新技术、新产品、新业态、新商业模式的投资机会将会大量涌现，这些投资机会将会成为经济发展新的动力和增长点。

五是资源配置由市场起基础性作用向起决定性作用转换。这是经济新常态的机制保障。从以往二十多年的实践看，我国的经济体制基本上是政府主导的不完善的市场经济。这里面存在着许多问题，比如，资源配置的明显不合理、容易出现严重的腐败问题等。党的十八届三中全会《决定》提出"使市场在资源配置中起决定性作用和更好发挥政府作用"，十八届四中全会提出"社会主义市场经济本质上是法治经济"，表明了我们党对市场经济规律的认识达到了新的高度。在市场起决定性作用的新常态下，政府不搞强刺激，主要通过转变职能、简政放权、减税让利、加快形成有序规范的市场环境等途径，将资源配置的决定权限交给市场，通过市场方式解决好以高杠杆和泡沫化为主要特征的各类风险，不断增强经济内生动力。通过全面把握总供求关系新变化，运用区间调控、定向调控等方式来弥补"市场失灵"。

六是经济福祉由非均衡型向包容共享型转换。这是经济新常态的发展结果。近年来，我国农村居民收入增速快于城镇居民，城乡收入差距缩小态势开始显现，居民收入占国民收入比重有所提高，收入分配制度改革取得新的进展。随着我国新型工业化、信息化、城镇化和农业现代化的协调推进，新农村建设城乡关系也出现新气象，城乡二元结构正加快向一元结构转型，以工促农、以城带乡、工农互惠、城乡一体的新型工农城乡关系正在加快形成。此外，区域增长格局与协调发展也在发生重大而可喜的变化，"一带一路"、京津冀协同发展、长江经济带等新的区域发展战略正在加紧制定和推进中。新常态下，我们要更加注重满足人民群众需要，更加注重就业工作，更加关注低收入群众生活，更加注重协同发展，更加重视社会大局稳定，使经济福祉逐步走向包容共享型将是长期趋势。

三、经济新常态需要新思维和新理念

习近平总书记指出："新常态下，中国经济增速虽然放缓，实际增量依然可观。""新常态下中国经济增长更趋平稳，增长动力更为多元。""新常态下中国经济结构优化升级，发展前景更加稳定。""新常态下中国政府大力简政放权，市场活力进一步释放。"[①] 我们要紧紧抓住新常态带来的新机遇，推动我国经济发展再上新台阶。应当说，新常态不是自然而然就能够实现的，必须经过艰苦的努力奋斗。未来一段时期，我们必须坚持稳中求进的工作总基调，推进经济结构的战略性调整，努力实现实实在在和没有水分的增长，既要保持战略上的平常心态，稳妥应对各种不确定性因素带来的冲击，又要在战术上主动作为。

一是坚持稳中求进的总体基调，保持战略定力与平常心。稳中求进是发展经验的总结，是应对国内外形势变化的要求，是全面深化改革的需要，体现了党中央领导经济工作的辩证法。稳中求进中的"稳"是指事物稳定的状态，"进"是指事物变化的状态。稳中求进是事物两种状态的辩证统一，关键是要采取渐进发展的方式。"稳"是稳增长、稳定宏观经济运行，是前提和基础；"进"就是转变经济发展方式，寻求更高质量的经济增长，是方向和目标。新常态下，面对经济发展增速换挡、方式转型、结构调整、动力转换的经济新常态，需要客观看待、冷静理性，保持一颗平常心。既要摆脱"速度情结"和"换挡焦虑"，看到增速换挡、提质增效是规律、是大势；更要以战略的平常心，在保持经济平稳运行的情况下，推动经济从传统的粗放发展向高效率、低成本、可持续转型。

[①]　习近平：《谋求持久发展，共筑亚太梦想——在亚太经合组织工商领导人峰会开幕式上的演讲》，《人民日报》2014 年 11 月 10 日。

二是高度重视防范各种风险，保持合理的经济发展速度。习近平总书记指出，要善于运用底线思维的方法，凡事从坏处准备，努力争取最好的结果，做到有备无患、遇事不慌，牢牢把握主动权。坚持底线思维，是我们应对当前错综复杂形势的科学方法，更是适应经济新常态的治理理念。我们要适应新常态、主动有为，就要对新常态阶段各种潜在的经济社会风险如房地产风险、地方政府债务风险、金融风险等保持清醒的认识，更好地发挥底线思维的科学预见作用，增强忧患意识和风险意识，未雨绸缪、积极应对经济社会可能出现的各种风险挑战。同时，新常态下我们不唯 GDP 总量，但保持合理的经济发展速度仍是完全必要的。中国这么大的经济体一旦形成惯性下滑，要恢复正常水平将非常困难，甚至会付出巨大的代价。发展是解决我国所有问题的基础，对此我们不能有丝毫的动摇，"新常态"下更是需要保持合理的经济发展速度。当然，要保持合理的经济增速，更需要靠改革实现经济结构的优化升级。

三是推进经济结构的优化升级，实现实实在在和没有水分的增长。结构调整阵痛期是我国经济目前面临的"三期叠加"形势的重要内容，也是经济新常态的重要表现。我国要加快推进需求结构、产业结构、城乡结构、空间结构、收入分配结构五大结构的调整和优化，使第三产业、消费需求逐步成为主体，城乡区域差距逐步缩小，实现经济结构的优化升级，这是新常态经济的重要特征。事实上，我国经济快速增长的同时也付出了巨大的代价，效益低下、结构失衡、产能过剩、环境污染等便是其中最显著者。在原有的外需拉动、人口红利等增长动力快速减退的形势下，倒逼着我国经济逐步转换增长动力，着力打造"中国质量"，真正实现增长速度"下台阶"，增长质量"上台阶"。实实在在和没有水分的增长是对以往发展弊端的深刻反思，是对我们今后工作的指引。新常态经济下，实现实实在在和没有水分的增长，应当在改进考核手段、提高经济质量和效益、推进绿色和可持续发展、更加注重保障和改善民生等方面发力。

四是坚持生态文明理念，努力建设美丽中国。党的十八人指出，必须"把生态文明建设放在突出地位，融入经济建设、政治建设、文化建设、社会建设的各方面和全过程，努力建设美丽中国，实现中华民族永续发展"。党的十八届三中全会突出强调了生态文明的制度构建和体制机制的创新，这既是对我国经济发展阶段的清醒认识和准确判断，也为新常态下将生态文明理念融入经济发展之中，做到经济发展与生态保护同时并重指明了方向。我们要把写在纸上的美丽文字真正变成国家的大好河山。近年来，我国在资源、生态、环境方面的严峻现实已警示我们：转变生产方式，处理好经济发展与保护环境之间的关系已刻不容缓。新常态下，必须将生态文明理念融入经济发展之中，既要金山银山，也要绿水青山。绿水青山就是最大、最久的金山银山。发展经济，决不能超越资源环境的承载能力，决不能以牺牲生态、破坏环境为代价。必须将生态文明的理念融入经济建设当中，融入政治建设、文化建设、社会建设的各方面和全过程，确保资源基础受到保护，确保经济、社会的持续健康发展，确保中华民族的永续发展和长治久安。

五是坚定不移地推进全面深化改革，发挥经济体制改革的牵引作用。方向决定道路，道路决定命运。改革开放是决定当代中国命运的关键抉择，是党和人民事业大踏步赶上时代的重要法宝，是新时代条件下的伟大革命。新常态下，我国的改革任务更加迫切、更加艰巨，必须在新的历史起点上全面深化改革，完善和发展中国特色社会主义制度，推进国家治理体系和治理能力现代化。我国改革开放事业已经进入攻坚期和深水区，社会各界、海内外都高度关注我们的改革。进一步全面深化改革，我们要坚定信心、凝聚共识、统筹谋划、协同推进，坚持社会主义市场经济的改革方向不动摇，增强改革的系统性、整体性、协同性，统筹推进重要领域和关键环节改革。尤其要发挥经济体制改革的牵引作用，使各方面体制改革朝着建立完善的社会主义市场经济体制这一方向协同推进。同时，要积极参与全球治理重构，在世界经济再平衡与世界经济秩序重建中发挥更大作用。当前，国际社会日益成为一个你中有我、我中有你的命运共同体。面对世界经济复杂形势和全球性问题，任何国家都不可能独善其身、一枝独秀，这就要求各国同舟共济、和衷共济。我们要积极推动建立均衡、共赢、关注发展的多边经贸体制，共同维护和发展开放型世界经济，为我国经济发展提供良好稳定的外部环境。

四、依靠全面深化改革促进经济新常态

习近平总书记提出："我们正在推行的全面深化改革，既是对社会生产力的解放，也是对社会活力的解放，必将成为推动中国经济社会发展的强大动力。"[①] 新常态下，我们要更加突出全面深化改革的重要作用，遵循好经济规律、社会规律和自然规律这"三大规律"，实现符合经济规律的科学发展，符合自然规律的可持续发展，符合社会规律的包容性发展，积极释放"中国红利"，促进经济新常态。

第一，大力实施简政放权，实现市场起决定性作用新常态。实现市场在资源配置中起决定性作用，要进一步激发市场活力，要把该放的权放到位，该营造的环境营造好，该制定的规则制定好，让企业家有用武之地。新常态下，一是要深入推进行政审批制度改革，积极建

---

① 习近平：《谋求持久发展，共筑亚太梦想——在亚太经合组织工商领导人峰会开幕式上的演讲》，《人民日报》2014 年 11 月 10 日。

立第三方评估长效机制，把那些含金量高的、管用的审批事项彻底放给市场和企业，努力激发市场和企业的活力；二是要强化政府服务管理职能，彻底改变"对审批很迷恋，对监管很迷茫"的状况，加强事中事后监管，不断创新监管和服务方式，逐步转变服务管理方式、提高服务管理效能；三是要基本完成省市县政府机构改革，推进机构编制结构优化；四是要继续推进事业单位分类改革，逐步建立政府购买服务机制，推动基本公共服务实现社会化、市场化。

第二，推进结构性改革，保持经济平稳增长新常态。新常态经济下，经济增速是"换挡"而不是"失速"，经济发展仍需保持合理增长速度，因为发展仍是解决中国一切问题的关键。2014 年上半年的经济数据显示，我国经济运行面临较大的下行压力，面临较大的经济运行风险，对此，一是要推进需求结构改革，尤其要积极寻求新的消费热点和增长点，使消费需求逐步成为经济增长的主引擎；二是推进城乡结构改革，积极推进新型城镇化，构建城乡发展一体化体制机制；三是推进区域结构改革，稳住东部沿海发达地区的经济规模，避免经济出现"失速"；四是推进产业结构改革，优先发展先进制造业、战略性新兴产业，大力发展现代服务业，使第三产业逐步成为产业结构的主体；五是推动收入分配结构改革，使居民收入在国民收入格局的占比不断上升，努力保障和改善民生。

第三，以全球视野谋划和推动创新，实现创新驱动经济新常态。我们全面深化改革，就要为创新拓宽道路。新常态经济是创新驱动型的经济，我们必须将提升科技创新能力和应用转化能力放在促进形成新常态经济的核心位置。要坚持走中国特色自主创新道路，以全球视野谋划和推动创新，积极培育壮大新产品、新业态。要深化科技和教育体制改革，着力构建以企业为主体、市场为导向、产学研相结合的国家创新体系；要完善知识创新体系，强化基础研究、前沿技术研究、社会公益技术研究，提高研究水平和成果转化能力；要积极化解各种经济运行风险，走创新驱动和内生增长之路，努力形成"万众创业""人人创新"的新局面。

第四，深化财政金融改革，支撑产业迈向中高端新常态。新常态经济是产业结构处于中高端的经济，这要求有健全的财税金融体制做支撑，要求发挥财政金融的导向作用。从财税体制改革层面看，要加快"营改增"改革，适时在生活服务业、建筑业等行业进行"营改增"试点。要进一步加大对生产性服务业的财税支持力度，加快落实《国务院关于加快发展生产性服务业促进产业结构调整升级的指导意见》，支持小微企业创业发展。从金融体制改革层面看，要加大金融结构性改革的力度，继续推进利率市场化改革，逐步扩大金融机构负债产品的市场化定价范围，使金融产品真正服务于实体经济的发展。要逐步稳步推进由民间资本发起、设立中小型银行等金融机构的改革，使金融行业为产业结构转型升级助力。

第五，努力保障和改善民生，实现城乡人民共享改革红利新常态。我们全面深化改革，就要增进人民福祉、促进社会公平正义。改革开放三十多年的经验表明，我们必须逐步调整高速增长的经济发展模式，腾出更多精力用来保障和改善民生。要加强农村地权制度的建立，深化户籍制度改革，加大教育体制、卫生医疗体制、养老服务体制等改革的力度，积极稳妥地推进新型城镇化建设，进一步实施区域协调发展战略，加快从城乡二元结构向一元结构转换。要努力保护自然环境，出重拳强化雾霾等污染治理，深入实施大气污染防治行动。新常态下，经济增速会有所放缓，可能会影响到整体就业规模，结构性就业矛盾将会更加凸显，这对"保就业"提出了更高要求。我们要创新宏观调控方式和加快发展服务业，实行更加积极的就业创业政策，强力推改革，大力调结构，力争就业增速不放缓、就业质量不降低。

第 一 章

中国经济发展新阶段：新挑战与新机遇

习近平总书记在 APEC 工商领导人峰会上提出，新常态将给中国带来新的发展机遇。第一，新常态下，中国经济增速虽然放缓，实际增量依然可观。第二，新常态下，中国经济增长更趋平稳，增长动力更为多元。第三，新常态下，中国经济结构优化升级，发展前景更加稳定。第四，新常态下，中国政府大力简政放权，市场活力进一步释放。从整体上看，国际经济格局正在发生深刻调整，国际金融市场依然动荡，欧元区尚未摆脱经济衰退与债务交织的困局，新兴市场经济体发展前景不容乐观，国际市场的争夺将更加激烈。我们要准确研判中国经济发展新阶段下的新挑战与新机遇，努力使中国经济在新常态下继续保持稳定健康发展。

第一节　国际经济格局正在深刻调整

习近平总书记指出："国际金融后续影响尚未完全消除，一些经济体的复苏仍然脆弱"。[1]2014 年中央经济工作会议认为，世界经济仍处在国际金融危机后的深度调整期，但总体复苏、疲弱态势有明显改观，国际金融市场波动加大，国防大宗商品价格波动、地缘政治等

---

[1]　习近平：《谋求持久发展，共筑亚太梦想——在亚太经合组织工商领导人峰会开幕式上的演讲》，《人民日报》2014 年 11 月 10 日。

非经济因素影响加大。自 2008 年世界金融危机之后，世界经济格局已经发生了显著的变化。发达国家在此次危机中首当其冲，经济、社会和政治环境都受到了较为沉重的打击。世界经济也因此进入到缓速增长期。发展中国家在世界经济中的占比不断增大，对于全球治理权的诉求也越来越强烈。

一、世界经济未来 10—15 年将低速增长

自 2008 年国际金融危机至今，世界经济增长已经渡过了两次探底。按照世界银行的数据，2009 年世界经济平均增长率为 2.1%，2010 年快速反弹至 4.1%。随后三年增速逐年下滑，2013 年下降至 2.2%。世界银行预计，全球经济将在 2014 年下半年逐渐加速，全年增速可达 2.8%。国际货币基金组织（International Monetary Fund，简称 IMF）发布的《世界经济展望》表明，因 2014 年一季度大多国家增长疲软，因此将 2014 年全球增长预测下调了 0.3 个百分点，降至 3.4%。

尽管如此，世界经济依然面临重重困难。我们预计，世界经济将逐渐复苏，但会在较长时期保持低速增长。这一状态的主要特征是：经济增速在 3% 左右徘徊，失业率居高不下。经济震荡幅度不会过大，尽管可能在某些年份出现小的经济景气。宽松的货币政策环境可能滋生出一定的通胀压力，导致金融市场不均衡，但爆发新一轮金融危机的可能性很小。这一阶段将持续 10—15 年左右。

全球经济长期低速增长的原因，主要是基于当前的世界经济困境兼具周期性和结构性双重原因。前者主要体现为居民消费需求不足，企业的投资积极性尚未充分恢复，国际市场需求低迷。后者主要体现为人口老龄化程度不断上升，经济结构相对陈旧，新的适用性技术还在酝酿中，尚未出现新一轮的技术突破以形成新的经济增长点。周期性因素要求实施宽松的货币政策以及积极的财政政策，从而可以在较

短时期内发挥作用，促使经济复苏。结构性因素可能导致出现滞胀，需要从供给端进行深层体制改革。目前经济政策需要从需求和供给两端同时着力，政策组合难度较大，需要较高的灵活性。

发达国家集体陷入"日本病"。主要表现为：一是陷入流动性陷阱。美国、欧洲和日本利率水平普遍非常低，都在1%左右甚至更低。各国纷纷采取非常规的货币政策，如美国的量化宽松、日本央行扩大购买债券等。二是深陷债务危机。欧洲国家刚从欧债危机中挣脱出来，经济仍需较长时间才能恢复动力。日本、美国的总体负债率甚至比欧洲债务危机国更高。居高不下的政府债务水平，使得政府刺激经济的能力大大减弱。三是人口老龄化。日本、欧洲人口老龄化现象日趋严重。美国"婴儿潮"时期出生的人群现在大部分已经退休，未来的老龄化压力也将趋升。

发展中国家经济发展不均衡。新兴经济体集体进入调整期。一些国家出现了资金外流、通货膨胀、经济增速回落等现象。新兴经济体的经济表现随着经济自主性的不同而出现分化。俄罗斯、巴西等过度依赖资源能源价格的国家，经济增长速度出现明显下降。印度尽管受国际贸易影响幅度较小，但其脆弱的金融体系在国际资金外逃情况下受到了严重冲击。

二、新兴经济体特别是金砖国家已群体性崛起

国际金融危机后，新兴经济体经济增速明显高于发达经济体，复苏进程中的不均衡增长使双方的实力对比发生显著变化。

根据国际货币基金组织的数据，以汇率计算，发达国家的经济总量占世界经济总量的比重，已从1992年的83.6%下降至2012年的61.9%，而非西方国家在同期则从16.4%提升到38.1%。如果按购买力平价计算，发达国家的经济总量占世界经济总量的比重从同期的

64%下降至49.8%，非西方国家则从35.9%上升至49.9%，历史性地在经济总量上超过了西方世界。这充分表明，从经济实力上讲，新兴经济体特别是金砖国家已群体性崛起。

从经济增量看，2008—2013年，近90%全球经济总量的增长来自发展中国家。在未来工业化、城市化和信息化过程中，新兴经济体增长潜力巨大。它对全球资源、技术、海外市场和跨境投资的巨大需求，将成为推动全球化的重要推动力量。而且，随着新兴经济体国家生活水平的提升和中产阶层的大量出现，新兴经济体将成为未来消费增长的新亮点，为全球化带来新的增长动力和市场机遇。

美国国家情报局2012年发布的《世界趋势展望2030》报告指出，欧洲、日本、俄罗斯的经济将持续缓慢衰退。美国、欧洲、日本在全球收入中的总份额将从现在的56%下降至2030年的50%以下。如果将GDP、人口规模、军事开支以及技术投资等综合起来考虑，那么在这种"全球权力"方面，2030年亚洲将超过北美洲和欧洲的总和。

三、全球经济治理面临新的挑战

当今世界，全球化程度不断加深，世界各国从来没有这么广泛而紧密地联系到一起。全球化带来巨大的机遇，但也意味着更深层次的风险，当前世界经济面临着众多新挑战。

一是世界各国之间的竞争加剧。首先是对资源、市场和资金的竞争加剧。尤其是2000年以来，随着以中国为代表的新兴经济体的蓬勃发展，世界各国在资源等生产要素领域的竞争更趋激烈。获得更多的资源就意味着获得更多的发展机会。各国抢占全球技术创新与新兴产业制高点的竞争不断加剧，纷纷不断增加在科技研发与新兴产业上的支持和投入，希望能够培育未来的发展潜力。发达国家争相采取多种手段力求巩固其规则制定者地位，如美国力推TPP，希望塑造高标准的区域贸易投资自由化规则并向全球推广；欧盟重新修订贸易防御体系，倡导绿色经济和碳排放交易规则等。新兴经济体和发展中国家则强烈呼吁参与规则制定和全球治理的公平权利，如在全球性组织或区域集团中争取更大话语权以反映其发展诉求。

二是全球化风险不断加大。全球化进程发展到现在，出现了不少新问题、新风险。例如，利益分配不均，导致贫富分化加剧和新矛盾的产生；保护主义抬头，导致全球贸易投资的发展环境恶化；全球治理和宏观政策协调难度加大等。在一些国家的政府和民众中，开始滋生出越来越突出的反全球化情绪。近十多年来，一个突出的现象是"全球性的会议开到哪里，反对的声音就出现在哪里"。一些发展中国家也公开批评，认为在全球化中受到了发达国家的剥削，自身经济日益被边缘化。

三是贸易一体化陷入低谷，区域合作加速推进。多哈谈判陷入僵局，区域和双边自由贸易区已成为开展经济战略合作与竞争的重要手段，各国都在加快推进自由贸易区战略，全球贸易投资自由化出现新趋势。区域一体化加速推进，在解决欧债危机过程中欧盟不断完善一体化的制度安排；美国强力推进 TPP 并不断吸收亚太区域成员加入；中日韩自贸区和涵盖 16 国的"区域全面经济伙伴关系"启动谈判，东亚一体化出现突破性进展。发达经济体加快构建跨地区自贸安排，最具有代表性的是欧美宣布启动两大核心市场间的双边贸易投资自由化谈判（即 TTIP）。这些区域一体化的举措中，排他性、自由化的色彩进一步加深，体现出不同阵营的互相合作与博弈。

四、世界治理呈现多元化格局

国际金融危机后，改革和完善世界经济规则、推动国际经济秩序朝着更加公正合理包容的方向发展，已成为国际社会的共识和行动。

二十国集团（G20）作为全球经济治理的首要平台，在世界各国以及国际组织通过协商合作，遏制危机蔓延、加强金融监管、促进国际货币体系改革等方面，一度取得了初步成效。但随着危机的逐步缓解，各国之间、特别是G20内部各种矛盾、分歧日益显现。一个突出的矛盾是，新兴经济体已成为解决全球性问题不容忽视的力量，但发达国家显然不愿轻易放弃主导权。由于各国在全球化中的利益诉求和关注议题不同，未来全球治理的难度必将进一步加大。新兴市场国家和发展中国家对于全球治理的参与意识不断增强，他们开始积极要求在全球治理中发出自己的声音。他们通过各种形式组织起来，一方面有助于发展本国经济，提高本国的国际竞争力；另一方面也有助于形成合力，提高组织的政治经济影响力。

随着我国经济实力的快速提升，融入全球经济的程度不断加深，全球治理规则越来越直接影响到我国切身利益。世界各国期待中国发挥更大作用，但同时也想尽办法予以制约。对此，我国一方面要敢于承担大国责任，另一方面应看到规则制定的发展趋势和我国市场开放重点、改革长期目标具有一致性。因此，需要以更加积极、开放的态度参与全球治理和规则制定。

第二节　中国经济发展进入新阶段

习近平总书记提出："新常态下，中国经济增速虽然放缓，实际增量依然可观。"[1] 经过三十多年的高速增长，2013年我国GDP总量已达到9.18万亿美元，占世界经济总量的12.3%。从经济总量、经

---

[1]　习近平：《谋求持久发展，共筑亚太梦想——在亚太经合组织工商领导人峰会开幕式上的演讲》，《人民日报》2014年11月10日。

济结构、经济效益、经济影响等层面看，我国已成为名副其实的经济大国。随着我国经济由高速增长向中高速增长转换，经济结构不断得到优化升级，经济增长动力逐步由要素驱动、投资驱动转向创新驱动转换，这些新的变化表明，中国经济正进入到一个新的发展阶段，即经济发展的"新常态"。

一、经济增速正进入由高速向中高速转换的新常态

2008 年国际金融危机以来，我国经济发展所面临的国内外环境正发生重大变化。从国际上看，世界经济已由国际金融危机前的快速发展期进入深度转型调整期。从国内来看，经济发展已由高速增长期进入增长速度换挡期，或称"增长阶段转换期"。在这个新阶段，要保持经济持续健康发展，从宏观调控方面来说，一个重要问题就是把握好潜在经济增长率下降的幅度，也就是把握好经济增长的适度区间，努力实现经济增长趋向平稳增长"新常态"。

自 2010 年第二季度算起，至 2014 年上半年，我国经济连续 16 个季度下滑。新一届中央政府采取了一系列"稳增长、调结构、促改革"的宏观调控措施，到 2014 年的上半年，宏观经济运行的许多指标出现企稳势头，并初步稳定了市场预期。根据国家统计局的数据显示，2014 年 1—3 季度的 GDP 增速为 7.4%，经济呈现出进一步回落的态势。应当说，我国经济增长率正逐步由过去三十多年年均接近两位数的高速增长向 7% 左右的中高速增长转换。从整体上看，2013—2020 年的战略节点，中国经济将进入一个中高速的经济增长阶段。

事实上，经济增长适度回落是经济达到中等收入之后的普遍规律。从国际比较看，第二次世界大战以后的日本、韩国、德国等一批成功追赶型国家，在 20 世纪六七十年代经历了经济高速增长之后，无一例外地都出现了增长速度回落，回落的幅度平均在 30%—40%

之间。在这个阶段，这些国家开始由高速增长过渡到中高速增长，再过渡到中速直至低速增长阶段。李克强总理提出，"作为我们这样一个中等收入国家，经济增长已从原来的高速进入到了中高速阶段"，"我们要在必要和可能之间、在转型升级与保持合理增长速度之间，找到一个'黄金平衡点'，使增长保持在合理区间，保证较为充分的就业，同时要加快结构调整，着力提质增效，使中国经济行稳致远"。

经济新常态下，我国未来十年经济增长目标应控制在7%左右，防止经济增长跌破"下限"，经济增长由高速增长转入到中高速增长是我国经济在新的历史发展阶段的必然趋势。这其中的含义主要有两点：第一，"中速"是相对对内而言的。"中速"是指在保持三十多年平均每年近10%的高速增长后，我国经济增速逐步回落，中长期预期增速在7%左右，像以前那样动辄10%以上的增速将难以再现。第二，"高速"是相对对外而言。根据IMF的统计数据，2011年全球GDP增长率为3.8%，美国、欧元区的GDP增长率仅为1.8%、1.4%，日本的GDP增长率更是出现负值。因此，我国7%左右的增长速度相对于其他大国经济来讲仍然是高速，且在这样的增速下实际增量依然十分可观。比如，2013年我国经济的增量就相当于1994年全年经济总量，在全世界排第十七位。综合起来看，我们可用"中高速增长阶段"来概括我国当前经济发展新阶段的基本特征。

二、我国处于由经济大国迈向经济强国的新阶段

从我国的实际情况看，"新常态"经济在某种意义上是一种大国经济。通过经济总量、部分省市人均GDP、制造业产值、贸易进出口总额、外汇储备等综合指标的横向比较可看出，我国改革开放三十多年创造了世界经济史上的"增长奇迹"，已成为名副其实的经济大国，这是我国经济进入新阶段的重要特征。新常态下，我们要努力把

握好历史的战略机遇期，加快从经济大国迈向经济强国。

第一，我国经济总量已跃居世界第二。经济强国首先是经济大国，经济大国首先要有世界排名靠前的经济总量。据统计，1978年，我国GDP只有1482亿美元，居世界第十位。经过三十多年的快速发展，2011年我国GDP达到7.31万亿美元，跃居世界第二位，经济总量仅次于美国；2013年我国GDP达到9.18万亿美元，继续位居世界第二位。

第二，我国部分省市经济总量或人均GDP已接近或超过中等发达国家水平。从我国东部沿海地区来看，某些发达省市的经济总量或人均GDP已经接近或超过世界上一些中等发达国家的水平，这是我国已成为经济大国的重要标志之一。据统计，2013年广东省、江苏省和山东省的GDP总量分别为：62163.97、59161.80、54684.3亿元，按现行汇率计算，这三个省市的GDP总量均已超过9000亿美元，其经济总量已经接近或超过荷兰、瑞士等一些中等发达国家的经济总量；2013年天津、北京、上海等省市的人均GDP已接近或超过波兰、匈牙利等一些欧美中等发达国家的水平。

第三，我国的制造业产值已位居世界第一。制造业产值是衡量一个国家经济实力的重要标准。根据联合国统计，2011年中国制造业产值为2.05万亿美元，首次超过美国，跃居世界第一。到2013年年底，我国钢、煤、水泥、棉布等200多种工业品产量位居世界第一，中国制造业大国的地位基本确立。

第四，我国的贸易进出口总额已跃居世界第一。经济大国是一个国家与世界经济联系的表现结果，贸易进出口总额则集中反映了一个国家对世界经济的影响程度。据统计，2003—2011年间，我国货物出口贸易年均增长21.7%。2013年我国贸易进出口总额超过4万亿美元，超过美国位居世界第一，并连续五年成为世界最大出口国和第二大进口国，我国的贸易大国地位进一步得到巩固。

第五，我国的外汇储备稳居世界第一。外汇储备是一个国家经济实力的重要组成部分。据统计，我国外汇储备规模自 2006 年超过日本，已连续 6 年稳居世界第一位。1978 年我国的外汇储备仅为 1.67 亿美元，而到 2013 年年底，我国外汇储备已达到 3.84 万亿美元，这对于我国继续运用外汇储备支持国家战略物资储备、支持企业做大做强、支持整个改革和发展，进一步增强我国的经济实力具有重要意义。

三、我国面临"中等收入陷阱"的风险与挑战

2013 年 11 月，习近平主席在人民大会堂会见 21 世纪理事会北京会议外方代表时，阐述了中国的发展道路、改革开放、经济形势和对外政策，并表示我国对经济保持持续健康发展抱有信心，不会落入所谓"中等收入国家陷阱"。2013 年，我国人均 GDP 已超过 6000 美元，按照世界银行的标准，已进入上中等收入国家行列，经济发展进入一个新的历史阶段。站在新的发展起点上，我们必须清醒地认识当前所面临的"中等收入陷阱"的风险与挑战，努力实现"新常态"下顺利跨越"中等收入陷阱"。

第一，科技创新能力有待进一步提高。"技术创新能力不够，导致投入产出效率低下"是一些经济体掉入"中等收入陷阱"的首要基本特征。从整体上看，我国的科技创新能力偏低，产业技术水平有待进一步提高。近些年来，我国建设创新型国家成效显著，载人航天、探月工程、高速铁路等实现重大突破，但是原创性的发明、关键核心技术的掌握还与世界经济强国有不少差距。我国产学研相结合的技术创新体系尚不健全，自主知识产权和名牌产品不多，新兴产业的带动作用还不强，科技成果直接转化为生产力的能力较弱。2012 年，以从事研发的科学家数量、发明专利数量、科技期刊发表论文数量和研发经费这四项二级指标核算得到的科技创新水平指数，我国在全世界

排名仅为第十四位。

第二，经济结构调整进展缓慢。"经济过度依赖外需，导致经济无法平稳发展"是一些国家和地区陷入"中等收入陷阱"的基本特征之一。从我国的经济运行实际情况看，我国长期依靠外需拉动的经济增长模式，在一系列旨在扩大内需的有力政策支持下，已经有了重大调整。但值得指出的是，现有研究表明，2000—2013年，我国经济增长中的消费率一直呈现出下降的趋势，而投资率始终处于高位。应当说，扩大内需尤其是扩大消费需求的长效机制还没有建立起来。此外，尽管近些年我国的产业结构调整在不断推进，但第一产业基础不稳、第二产业核心竞争力不强、第三产业比重过低的问题仍然突出。随着我国经济增速的回落，产业结构、需求结构、区域结构等经济结构不合理的问题将进一步暴露。产能过剩问题突出，城乡之间、区域之间发展的差距不断扩大，同样亟待加以解决。

第三，资源环境的约束日渐突出。世界上大多数经济体最初的经济增长，都是依靠利用本地区的资源比较优势，依靠短期内大量地增加生产要素投入而形成的。但任何一个国家或地区的劳动力、土地等资源供给都不可能是无限的，到了一定阶段必定会受到瓶颈制约。多年来，我国走着高投入、高消耗、高污染、低产出的经济发展路子，原油、原煤、天然气、铁矿石等重要资源的供给制约因素在加剧。与经济强国相比，我国单位产值所消耗的能源、废水排放量等指标都有很大差距。同时，我国的环境压力进一步加大，雾霾等天气频频发生，这是对传统发展路子的惩罚。转变经济发展方式，提高经济增长的质量与效益，势在必行，刻不容缓。

第四，制约科学发展的体制机制障碍较多。人力资本积累不足、国民收入分配不公等原因，是许多经济体掉入"中等收入陷阱"的重要原因，而这些原因背后的实质是体制机制的严重落后，束缚了这些经济体的快速发展。从我国的实践来看，经济关系中政企不分、政资不分、政社不分、政事不分的现象仍然比较突出，财税体制弊端凸显，税制不合理，中央和地方的财力与事权不匹配，现代金融体系有待完善，所有制结构和收入分配结构出现不少新矛盾。比如，在改革进程中，一部分群体如失地农民、农业转移人口等，不能共享改革所带来的红利而引起社会和人民的不满，其中因土地征用、房屋拆迁等利益冲突引发的群体事件时有出现。此外，社会主义民主法治建设还存在一些薄弱环节，社会体制改革、生态文明制度建设都有待深化，这些问题都在制约着我国跨越"中等收入陷阱"的进程。

第三节 "三期叠加"的阶段性特征

以习近平为总书记的党中央对经济形势作出了经济增长速度换挡期、结构调整阵痛期、前期刺激政策消化期"三期叠加"的重要判断。适应新常态，保持战略上的平常心态，必须从当前我国经济发展的阶段性特征出发，而新周期中的中国经济，最主要特征就是"三期叠加"，因此理解新常态、适应新常态，首先就要对"三期叠加"的阶段性特征进行科学理解、准确研判。

一、经济增速换挡期

所谓"经济增速换挡期"，指的是我国经济正在由原先年均10%左右的高速增长阶段稳步向年均7%左右的中高速增长阶段过渡，可能7%左右的平均增速将成为我国今后十几、二十几年经济增长的常态。对于经济增速换挡，我们可以从"三个不"方面加深理解：

一是"不可能"，即降速是必然的，原先的高速增长不可能永久性地保持下去。1979—2011年，我国经济保持了长达32年年均9.87%的高速增长，一跃超过日本，成为世界第二大经济体并跻身世界上中等收入国家行列，如此长时间、高速度的增长在世界范围内是绝无仅有的，创造了独一无二的"中国奇迹"。目前我国经济总量基数巨大，百分之几的经济增幅貌似不大，但换算为经济增量则数量惊人，按照年初预定增速计算，2014年我国全年经济增量将超过5万亿，与1994年的全年经济总量相当，因此在经济总量如此巨大的基础之上追求经济的高速增长变得越来越不现实。此外，随着国际政治经济环境的深刻变化和国内资源环境约束的日益趋紧，我国经济增长正在经受国内外资源、能源、环境等的诸多压力和挑战，继续保持10%左右的高速增长已无可能，增速调整、放缓已成必然。

二是"不必要"，即实现经济社会发展目标不必要追求过高的增长速度。党的十八大提出了"转变经济发展方式取得重大进展，在发展平衡性、协调性、可持续性明显增强的基础上，实现国内生产总值和城乡居民人均收入比2010年翻一番"的战略目标。按目前经济发展情况测算，今后几年只要保持年均7%的增速就可顺利实现"翻一番"的发展目标，在这种情况下，我们应该更多地在推动经济发展方式根本性转变上下功夫，在增强发展的平衡性、协调性和可持续性上寻突破，从而为我国经济中长期的健康发展奠定坚实基础。此时若一门心思追求过高的经济增速既不必要，也不科学、不理性。

三是"不容易"，即中高速经济增长不会自动实现，需要我们付出艰辛努力。经济增速由高速向中高速调整换挡不是一个水到渠成、自然而然的过程，拉美和亚洲一些国家由经济高速增长直接跌入经济泥潭的教训告诉我们，对于业已取得的经济成就，我们应该自豪但决不能自满，更不能自我陶醉，而应该戒骄戒躁、谦虚谨慎。经济增长速度存在很大的惯性，增速较高时往往存在向上的惯性，容易出现经济过热、通货膨胀，而增速放缓时则存在向下的惯性，容易出现增速大幅下跌、通货紧缩或者滞涨的情况，因此在经济增速换挡期我们依然要保持清醒的头脑，坚持稳中求进、主动有为。

二、结构调整阵痛期

经济结构调整的根本目的是以数量、速度换质量、效益，以短期阵痛换长远发展。经济结构内含丰富，包括产业结构的升级、区域结构的平衡、增长动力的转换、财富分配的调节、要素投入结构的调整、排放结构的优化等诸多方面，对于结构调整阵痛，我们可以从"三个相互叠加"方面增强认识：

一是多重结构调整的阵痛相互叠加。本轮结构调整与以往多次结构调整的显著不同在于多种结构同时调整，多种阵痛相互交织、相互影响。从产业结构看，过剩产业面临压缩，低端产业亟待升级；从区域结构看，区位条件差、发展潜力小的地区面临空心化和边缘化；从增长动力看，出口和投资相关行业产业面临优化和重组；从财富分配结构看，垄断行业、高收入阶层收入需要加大调节力度；从要素投入看，传统人口红利减弱，劳动者职业技能亟须加强；从排放结构看，"三高"行业和企业面临严厉管制，资源、能源供给模式面临根本性转型。多重的结构调整相互叠加、相互影响，从时间上衡量是"阵痛"，从程度上衡量则可能是"剧痛"，对此我们必须时刻保持清醒的认识。

二是结构调整阵痛与过剩经济相互叠加。显而易见，增量调整范围窄、难度小，而存量调整则范围广、难度大。前几轮经济结构调整是在经济相对短缺的大背景下进行的，只需在保持较快的经济增长速度的同时，在关键性行业领域大力发展生产力即可基本完成预期目标，主要进行的是"增量调整"；而现阶段的结构调整是在我国成为世界制造中心、反危机措施加剧产能过剩的时代背景下进行的，而且经济增速明显放缓，增量调整的空间已经不大，存量调整成为我们的必由之路。增量调整主要靠发展，而存量调整则更加依赖改革，改革便意味着破除原有发展方式赖以存在的体制安排和利益结构，其中的艰难阻力不言而喻，结构调整只有经历"断腕"之痛才能适应经济新常态。

三是结构调整阵痛与"中等收入陷阱"相互叠加。我国目前已经跻身上中等收入国家行列，正面临"中等收入陷阱"的严峻挑战，"中等收入陷阱"不仅表现为经济波动、发展停滞的经济陷阱，也表现为矛盾凸显、阶层分化的社会陷阱，因此需要我们仔细研究、科学应对。上中等收入发展阶段正是社会敏感期，国家、社会的任何行动稍有不慎就可能引发严重的社会问题，在这一阶段进行结构调整，既要对原有制度安排、利益格局进行深度调整，又要避免经济社会系统性风险的爆发，技术含量高、难度系数大，需要我们切实将改革力度、发展速度和社会可承受程度统一起来。

三、前期刺激政策消化期

所谓"前期刺激政策"主要是指为了应对 2008 年国际金融危机的不利影响，我国政府采取的总计 4 万亿的拉动内需、振兴产业等一揽子刺激计划，这些刺激政策为我国经济迅速企稳回升产生了良好的效果，也对世界经济起到了"压舱石"的作用。但任何政策都有两面性，对于前期刺激政策的不利影响，我们可以从"两个有"方面进行分析：

一方面，前期政策有后遗症。4 万亿刺激计划是我国在特殊时期采取的特殊政策，它在保证中国经济过关迈坎的同时，也确实带来了一些问题，增加了后期宏观调控的难度。一是通胀压力增大，4 万亿计划的大部分是以银行信用方式投入市场的，市场流动性激增，经济发展面临较大通胀压力，特别是在经济增速明显放缓的情况下，既要保增长又要防通胀，宏观调控难度较大；二是产业结构逆动，4 万亿计划出台后第二产业比重显著上升，第三产业比重不升反降，一些重化工行业产能过剩问题加剧，产业结构调整压力进一步增加；三是地方政府债务问题凸显，地方政府搭上中央刺激计划的"顺风车"后，地方债务急剧膨胀容易引发系统性风险，也容易对民间投资产生"挤出"效应，弱化刺激政策的实际效果。

另一方面，宏观形势有新变化。以前经济刺激、宏观调控政策出台的主要背景是我国经济属于短缺经济，长期处于高速增长阶段，经济下行基本上属于周期性波动，因此经济下行时只需要对需求端进行调整，通过大幅度、宽口径的扩大贷款、刺激投资、弥合产出缺口即可基本实现调控目标；而目前我国经济产能过剩现象较为严重，增速逐渐由高速转为中高速，经济转型升级压力激增，国际经济结构也正在经历深度调整，全面刺激政策的边际效果明显递减。如果我们继续盲目追求过高的经济增速就会错失调整、发展机遇，因此必须保持战略上的平常心态，审时度势、兼顾当前和长远，着力通过促改革和调结构消化前期政策，发掘经济的长期增长潜力。

"三期叠加"是对我国当前和今后一段时间经济发展阶段性特征准确而形象的描述，经济增速换挡期主要是针对经济发展的总量、数量而言，结构调整阵痛期主要是针对经济发展的质量、效益而言，前期刺激政策消化期则是针对宏观调控的方向、手段而言，三者相结合勾勒出了我国经济社会发展的主要特征和挑战，为我们科学认识新常态、积极适应新常态提供了必要的背景依据。

第四节　全面深化改革进入攻坚期

习近平总书记提出："我们要坚持改革开放正确方向，我们要敢于啃硬骨头，敢于涉险滩，敢于向积存多年的顽瘴痼疾开刀，切实做到改革不停顿、开放不止步。"[①] 以全面深化改革促进中国经济转入新常态，这是新常态下的战略选择和战略方向。党的十八届三中全会对我国全面深化改革作出了全局性的战略部署，涉及 15 个领域、330 多项重大改革举措。但应当看到，经济新常态下，我国全面深化改革的任务将会更加艰巨，改革的难度将会前所未有，改革事业已进入攻坚期、深水区。

一、改革红利是一种制度红利

党的十一届三中全会召开之前，我国刚刚经历了"文化大革命"，经济社会发展受到严重阻碍，经济实力、社会发展、科技实力、民主法治、人民的生活水平等与世界发达国家的差距在明显拉大。邓小平曾经讲过："我们要赶上时代，这是改革要达到的目的。"[②] 这是对我国改革目的极其深刻的认识。

红利是财富的源泉，是发展的增长点。改革红利，实际上是指通过体制机制变革使得生产要素重新组合和优化配置而获得的增量价值部分，是一种潜在的价值形态。这种发展优势不仅包括较低的劳动成本，还包括公平的竞争环境、较低的交易成本等，改革红利的实质是一种制度红利或体制红利。发轫于安徽凤阳县小岗村的家庭联产承包责任制变革，拉开了中国改革的序幕，这一改革极大地促进了农村生产力的发展，农民首要的温饱问题得到有效解决，这就是通过改革制度和体制释放红利的明证。

此后，我国的改革事业步入了一场实现中华民族伟大复兴的新长征。

---

① 中共中央文献研究室编：《十八大以来重要文献选编》，中央文献出版社 2014 年版，第 439 页。

② 《邓小平文选》第 3 卷，人民出版社 1993 年版，第 242 页。

所有制改革、价格改革、国企改革、财税体制改革、金融体制改革、就业体制改革、收入分配制度改革、外贸体制改革等一系列涉及中国命运前途的重大改革措施在不断推进。与此同时，社会主义政治体制、文化体制、社会制度和生态文明制度也在进行着深刻的改革，并构成我国改革事业的重要组成部分。改革开放三十多年，我国的经济体制发生了带有根本性的变化，社会主义民主法治不断得到完善，人民的积极性、主动性、创造性进一步得到发挥，文化软实力显著增强，社会主义核心价值体系深入人心，社会主义文化体制建设取得长足进展，等等。

二、改革是中国最大的红利

2013 年 10 月 7 日，习近平总书记在亚太经合组织工商领导人峰会上提出："中国要前进，就要全面深化改革开放。"[①] 李克强总理在 2012 年国务院召开的全国综合配套改革试点工作座谈会上着力强调，改革过去是中国最大的红利，未来也将是中国最大的红利。

我国的改革事业以党的十一届三中全会为标志，已走过了三十多年的光辉历程。三十多年的改革历程，有力地破除了阻碍科学发展的体制机制，使人民群众创新创造的活力充分发挥出来，极大地激活了资源、劳动力等生产要素的活力，营造了较为公平的竞争环境，显著地降低了市场主体的交易成本，形成了比同类国家更具有比较优势的竞争力，为我国经济社会发展释放了巨大的改革红利。比如，过去三十多年中通过所有制改革、农村综合改革、就业体制改革等改革事业的有力推动，大量农村剩余劳动力转移到了东部沿海工业和服务业部门，由此带来了劳动力成本低廉的比较优势，巨大的"人口红利"推动了东部沿海地区经济的快速发展。

---

① 中共中央文献研究室编：《十八大以来重要文献选编》，中央文献出版社 2014 年版，第 437 页。

应当说，这样一场伟大的改革是以增量式的、自下而上的、渐进式的制度变迁方式有序向前推进的，是让改革红利逐步得到有效释放的过程，是广大人民参与改革实践并不断取得改革成果的过程。渐进式改革是我国三十多年改革事业的基本特征，这是与东欧、苏联等国家改革方式的最大不同之处。这种渐进式的改革，是我国能在经济社会稳定的背景下获得巨大改革红利的根本前提，也是我国改革三十多年的基本经验。当然，这也启示我们要加强改革前瞻性和预见性，要提前做好改革的风险判断工作，而不是等到问题积累到非常严重，甚至风险变成危机，如果那样再进行改革，成本就会很高。邓小平曾告诫我们："我们的方针是，胆子要大，步子要稳，走一步，看一步"，"关键是要善于总结经验，哪一步走得不妥当，就赶快改"。[①] 这些话对于新常态下指导我们全面深化改革仍具有很强的现实意义。

新常态下，有些同志针对改革进入攻坚期出现的问题提出了一些非议，并试图怀疑和否定非公有制经济的发展，怀疑和否定社会主义市场经济体制，以此来怀疑和否定改革的大方向。应当说，中国在每一次重大的改革面前都有些质疑的声音，给改革造成很大阻力，这是在所难免的。我们要从唯物辩证法的观点来看待改革中所出现的种种问题，正确地看待局部性问题与全局性问题，辩证地认识改革所带来的某些具体问题与改革的大方向，及时地处理好改革中出现的比如收入差距过大、官员腐败等具体问题，牢牢把握社会主义市场的改革方向不动摇。

三、全面深化改革进入新的阶段

李克强总理在十二届全国人大一次会议记者会上提出，"改革进入了深水区，也可以说是攻坚期"，"现在触动利益往往比触及灵魂还

---

① 《邓小平文选》第 3 卷，人民出版社 1993 年版，第 113 页。

难"。经济新常态下，我们面临的改革，无论是在深度上，还是在广度上，都是过去任何时期、任何阶段所无法比拟的，改革事业已进入不进则退的关键阶段。新常态下，我们必须一鼓作气，把握当下，汇聚起全面深化改革的强大力量，进一步释放改革红利，切实做到改革不停顿、开放不止步。

从改革进程看，改革已进入攻坚期。全面深化改革就必定要触动原有的利益格局，但触动利益往往比触及灵魂还难。在改革起步阶段，由于改革带有"普惠式"，改革普遍受益，改革的深层次问题往往不会凸显出来，改革阻力较小，改革共识较为容易达成。新一轮改革已经越过了"帕累托改进"阶段，当时那些绕过去的和放在一边的矛盾和问题并不会因此而消失，相反可能随着改革推进而成为绕不过去的"拦路虎"。今天，这些累积的矛盾和问题，已经摆在我们的面前，躲不开也绕不过。换句话说，改革已进入深水区，进入攻坚阶段，改革的艰巨性、复杂性和纵深性在不断加强。

从改革领域看，重要改革依然滞后。尽管通过三十多年的改革开放，一些方面的改革已取得了突破性进展，但市场化导向的改革并没有彻底完成，很多地方还不到位。以新型城镇化为核心的土地制度、户籍制度、社会保障制度、投融资体制等领域的配套改革还处于起步阶段，需要进一步全面深化改革。此外，政府部门对微观经济活动的干预仍然较多，行政性审批方式在资源配置方面还占据很大地位，法治型政府和服务型政府还没有真正地建立起来。国有资产管理体制改革、财税金融体制改革、收入分配体制改革等重要环节与预期的改革目标依然还有较远的距离。

从改革动力看，形成合力难度加大。伴随着改革的纵深推进，各种利益主体之间的矛盾开始凸显，一些矛盾积重难返，改革往往要动既得利益的"奶酪"。要推动改革，就必定需要付出代价，而作为改革的组织者、推动者的各个部门、区域等，自身也就成了改革的对象，自己改革自己，甚至在改革过程中必须大幅度放弃自身的权力和利益，如果没有壮士断腕的政治勇气，改革就很难进一步推进。比如，我国当前的经济结构调整、财税体制改革、"三网融合"问题等，就涉及"条条框框"的各方利益，使得改革难以有效推进，这也表明，我们必须以更大的决心和勇气才能打好改革这场"攻坚战"。

从改革主体看，利益主体矛盾交织。整体上看，改革引发的社会利益分化、社会多元化主体正在形成。改革事业的推进，最终要落实到每个人自身的发展上来，要落脚到让"广大人民共享改革红利"的出发点上来。改革不仅要促进效率，也要促进社会公平公正。但是，在我国改革的进程中，一部分群体如失地农民、农业转移人口等，不能共享改革所带来的红利，由此引起社会和人民的不满。近二十年来，群体性事件增加了 10 倍，其中因土地征用、房屋拆迁、环境污染等利益冲突引发的群体事件占 80% 以上。而官员的腐败、权力寻租等问题加速了社会利益的分化，民主法治进程的滞后，使得人民主体的潜在预期不断削弱。温州出现的资本外逃现象，也在一定程度上反映了我国改革的确已经处于不进则退、背水一战的攻坚阶段。

第五节 我国仍处于经济发展的战略机遇期

习近平总书记指出："新常态将给中国带来新的发展机遇"[①]。从整体上看，新常态下，我国仍处于经济发展的战略机遇期。战略机遇期一般是指对全局产生重大深远影响的一段时期，是有利于战略实施

[①] 习近平：《谋求持久发展，共筑亚太梦想——在亚太经合组织工商领导人峰会开幕式上的演讲》，《人民日报》2014 年 11 月 10 日。

的历史阶段及其大的背景、环境和条件。战略机遇期的形成，往往是国际、国内条件发展的综合结果。从国际上看，世界多极化、经济全球化趋势持续深入发展，世界政治经济格局出现新变化，将为我国带来新的发展机遇。从国内来看，我国具有进入和适应经济新常态的各种有利条件。

一、从国际上看我国的战略机遇期

综观全局，当前世界各国和重要国际组织正在努力促进全球经济朝着持续、均衡增长的方向发展，新一轮产业结构调整和科技进步在加快。新常态下，我国经济发展的国际经济环境呈现出"总体趋好、危中有机、风险犹在、复杂多变"的基本特征。

第一，国际环境总体上有利于我国发展。21 世纪初到 2008 年金融危机爆发前，全球经济特别是发展中国家处于增速较快的时期，发展中国家的私人消费、对外贸易及固定资产的增速都显示出高于发达国家的势头，金融危机加速了这一趋势。金融危机的爆发从事实上证明了中国的政府与市场调控相结合模式的有效性。从目前的国际政治形势看，虽然局部战争时有发生，但和平与发展仍是时代主题，维护和平、制约战争是全世界人民的心愿，新的世界大战短期内打不起来，我们有可能争取到较长时间的和平国际环境。国际货币基金组织、世界银行等世界经济组织的治理结构改革已经迈出重要步伐。

第二，我国与欧美发达国家对比关系发生变化。在金融危机和债务危机的巨大冲击下，欧美发达国家经济实力相对下降，复苏也呈现出缓慢趋势，而中国等新兴经济体率先回升并引领世界经济复苏，特别是我国，不仅成为世界经济增长的主要引擎，而且凭借充裕的外汇储备成为稳定国际金融体系的重要力量。这为我国争取了时间，也为进一步的快速发展增加了合作的选择。2008 年国际金融危机的爆发，世界各经济体尤其是新兴经济体对以美元等货币为主导的国际金融体系提出了挑战，要求对世界货币体系进行改革的呼声日渐高涨，这为我国加快推进国内金融体系改革，加速迈向世界经济强国提供了难得的历史机遇。

第三，我国科技创新孕育新突破。金融危机使传统的发展方式不可持续，为拉动经济增长，各国会努力寻找新的增长点，发展新产业，这将会促使全球进行新一轮的技术革命。在新的技术革命中，谁率先占领新技术、新产业的制高点，谁就会在未来的世界经济发展中占据主动。当前，以信息技术为主导并由此带动新能源、新材料、生物技术、海洋技术等新科技革命方兴未艾，必将在不远的将来形成新的科技浪潮，而以信息技术和新能源技术相结合的"第三次工业革命"已经迎面向我们扑来。随着经济全球化的发展，我国通过引进、再创新等途径吸收消化发达国家的一些关键技术，并大幅度提高我国的自主创新能力已是大势所趋。在此背景下，我国就有可能发挥后发优势，顺应世界经济科技发展潮流，实施建设创新型国家、人力资源强国、海洋强国等强国战略，加快提升科技创新能力和加强人力资本积累，这为我国创造了进一步超越的机会。

第四，新兴经济体影响力提高。当前，全球资本、商品、技术、信息和劳务的国际间流动正在加快，各国都在调整产业结构。世界经济强国正加快将传统产业和现代服务业向劳动力素质较好、成本较低的发展中国家转移，这有利于我们在世界范围内优化资源配置，可以更多地从外部获得生产要素，以促进我国产业结构优化与技术进步。随着新兴经济体的崛起，世界政治格局也发生了变化。发达国家现在已经无法主导整个世界经济的发展，在全球经济事务和政策中迫切需要新兴市场与发展中国家参与，这为我国从国际事务的被领导者转变为领导者，从国际规则的被动接受者转变为规则的参与制定者创造了机会。我国利用亚太经合组织、博鳌论坛等全球性对话平台，能够有力地促进我国参与全球经济治理，推动全球治理机制变革的进程。

二、从国内看我国的战略机遇期

从国内看，目前所取得的成绩使我们具备了在新常态下，推动经济社会再上新台阶的基础，国内经济社会呈现出的新特征也使进一步大发展具备了许多有利的因素。

第一，我国经济具备更大发展的实力。从经济总量看，2011 年我国 GDP 达到 7.30 万亿美元，跃居世界第二位，经济总量仅次于美国；2013 年我国 GDP 超过 9.18 万亿美元，继续位居世界第二位。从人均收入看，2013 年天津、北京、上海等省市的人均 GDP 已接近或超过波兰、匈牙利等一些欧美中等发达国家的水平。从外汇储备看，我国的外汇储备总量已连续七年稳居世界第一。从整体上看，国家的综合实力不断增强，能够抵御国际国内市场的经济风险、持续扩大经济规模与人均收入水平。

第二，经济发展的物质技术基础更加巩固。世界著名经济史学家安格斯·麦迪逊认为，物质资本积累是决定一个经济体人均产出持续高增长的四大因素之一。回顾我国的经济发展史，经过新中国成立六十多年特别是改革开放三十多年以来的建设和发展，我国经济实力和综合国力大为提升，保障可持续发展的物质技术基础和内生动力不断增强。目前，我国产业体系比较完整，培育和发展新兴产业取得积极成效；基础设施日益完善，能源保障和交通运输能力显著提高；财政金融体系运行稳健，社会资金相对充裕，人力资本积累水平快速提高，等等。

第三，城镇化建设能够为经济发展提供内生动力。城镇化这张"王牌"，如果利用得好，就有可能带来提升科技创新、加强人力资本积累等有利因素，如果利用得不好，就有可能带来"贫民窟"、激化社会矛盾而掉入"中等收入陷阱"等负面影响。我国城镇化已经进入到新的发展阶段，城镇化不仅是保持我国经济持续发展的强大支撑，也是我国扩大内需的巨大潜力所在。城镇化进程的持续发展，有利于带动国内消费和投资，带动产业结构转型升级，通过资源整合和优化配置、聚集人力资源等，增强创新动力和能力，促进科技进步。

第四，政治优势的充分发挥为经济发展开辟了广阔的道路。中国社会主义的政治优势和制度决策优势，是抓住战略机遇期的坚强后盾和有利因素。决策果断是我国高层决策机制的最大特点，这与我国的政治体制优势有密切联系。经过长期的艰辛探索，在中国共产党领导下，已经形成了中国特色社会主义理论体系，成功地开辟了中国特色社会主义道路，建立了中国特色社会主义制度。全国人民凝聚着道路自信、理论自信和制度自信的无穷力量，这种力量可以攻坚克难、创造奇迹。

三、新常态下的战略机遇期

当然，机遇不是现实，机遇期不是保险期。经济"新常态"下，要抓住机遇期，就必须保持清醒的头脑，充分地估计困难和风险，采取正确的措施，加快适应"新常态"。

其一，有基础。从经济总量、发展速度、外汇储备以及财政实力等方面看，我们可以集中力量办大事，促使经济再上一个新的台阶。从经济总量看，我国已成为仅次于美国的第二经济大国。从发展速度看，三十多年来经济以世界少有的年均9.8%的增长速度高速发展，大大高于同期世界经济年平均增长3.0%的速度。目前，中国已成为世界第一外汇储备大国。新常态下，国家财政实力不断增强，财力的增加对促进经济发展、加强经济和社会中的薄弱环节、切实改善民生、有效应对各种风险和自然灾害的冲击提供了有力的资金保障。从我国的发展实际来看，党中央确定的全面建成小康社会的战略目标是能够实现的。全面建设小康社会的实现将为到 21 世纪中叶基本实现现代化的远景目标奠定坚实的基础。

其二，有机遇。我国已成为世界第二大经济体，新兴市场国家发展迅速，国际经济和政治秩序进入了深刻的调整变化期，国际环境总体上有利于我国和平发展和"弯道超车"。我们要把握好在全球经济分工中的新定位，积极创造、参与国际经济合作和竞争新优势。国际经验表明经济增长具有阶段性，不同的经济增长阶段和经济规模对应不同的经济增长速度。按照世界银行的划分，我国正处于收入中等偏下和中等偏上的临界区域，由于我国地域辽阔，各地区经济发展不平衡，因此根据国际经验，我国目前经济发展水平所处的发展阶段通常会比其他国家在该阶段停留得更久一点，具备经济发展再上台阶的历史性机遇。

其三，有空间。我国正在经历世界上速度最快、规模最大的城镇化过程，城市化伴随的大规模人口迁移，将推动消费持续增长，这将成为我国经济增长的强大推动力。我国正处在工业化中期阶段，工业化的任务远没有完成，除东部部分省市基本完成工业化外，中部、西部等省区工业化的发展还不是很充分，仍有很大的发展空间。而我国已有的技术储备和全球技术在新增长点上的探索为我国产业转型和技术创新提供了机会，为工业化的进一步发展提供了动力。而信息化、市场化、国际化还处在发展中，很多能量还有待释放，有能力支撑中国经济未来 40 年的稳健发展。

其四，有可能。从未来发展看，我国资金供给充裕，科技和教育整体水平提升，劳动力素质改善，基础设施日益完善，政府宏观调控和应对复杂局面能力明显提高，社会大局保持稳定，完全有条件推动经济社会发展和综合国力再上新台阶。在全球化、经济一体化不断加强和国内政策有效发挥的前提下，我国"走出去"战略面临发展的大机遇。许多国家受到金融危机冲击后资金缺乏，与我国扩大投融资合作的意愿增强，在一些领域对我国放宽了投资的限制，使我国企业处于较为有利的投资地位，有利于推动国内经济结构加快优化升级。

第 二 章

经济全方位优化升级：新特征与新趋势

习近平总书记提出："中国经济呈现出新常态，有几个主要特点。一是从高速增长转为中高速增长。二是经济结构不断优化升级，第三产业、消费需求逐步成为主体，城乡区域差距逐步缩小，居民收入占比上升，发展成果惠及更广大民众。三是从要素驱动、投资驱动转向创新驱动。"[①] 可以认为：新常态经济突出表现为经济结构的全方位优化升级，具体来讲，中国经济新常态呈现出"增长速度转换、发展方式转变、产业结构调整、经济增长动力变化、资源配置方式转换、经济福祉包容共享"等一系列的新特征与新趋势，中国经济朝着结构更优、质量更好、效益更高的方向发展。

第一节　增长速度由高速向中高速转换

中国经济经历了三十多年的高速增长正步入新的运行轨道。进入新常态，经济增速换挡回落，从高速增长转换为中高速增长。我们必须科学认识当前形势，准确研制未来走势，必须历史地、辩证地认识我国经济发展的阶段性特征，准确把握经济发展新常态。

---

① 习近平：《谋求持久发展，共筑亚太梦想——在亚太经合组织工商领导人峰会开幕式上的演讲》，《人民日报》2014 年 11 月 10 日。

一、经济增长由高速向中高速转换是新常态的基本特征

中国经济从 1978 年至 2011 年，在长达 32 年的时间里保持了年均 9.87% 的高速增长。在如此长的时间跨度内，实现接近两位数的高速增长，可以说是取得了举世瞩目的经济奇迹。2012 年至 2013 年增长 7.7%，2014 年前三季度增长 7.4%。我们可以清晰地看到经济由高速增长向中高速增长转换的新常态是客观事实（见图 2—1）。

（单位：%）

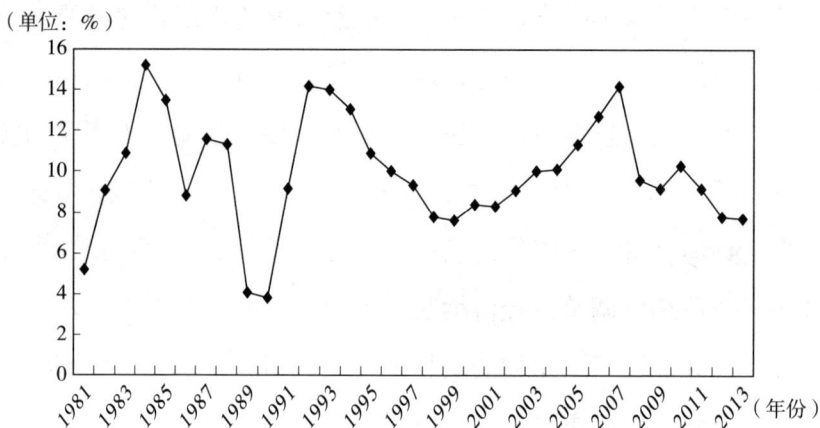

图 2—1　我国三十多年来经济增速示意图

从供给端和需求端来看，中国经济近年来的高速增长主要得益于人口红利和全球化红利，然而这两大红利目前正在衰退。

供给端的新常态：人口红利拐点出现，劳动力资源数量下降，劳动力成本上升，储蓄率下降，潜在增长率下降。改革开放以来，中国经济持续快速增长的一个重要推动力就是人口红利。全球制造业生产网络已经转移到中国。由于生产成本和国内劳动力工资低，制造产业链纷纷离岸外包到中国。然而，2012 年 15—59 岁的劳动年龄人口为 93727 万人，比上年年末减少 345 万人。与此同时，老年人口的比重继续攀升，60 周岁及以上人口达 19390 万人，占总人口的 14.3%，比上年年末提高了 0.59 个百分点。2013 年 16—59 岁的劳动力资源数

量减少了 244 万人。中国人口红利拐点出现，带来两大后果：一是劳动力成本上升，劳动力成本比较优势逐步减弱；二是由于人口老龄化日趋发展，人口抚养比提高，储蓄率将会下降，推高资金成本。这两大后果形成了中国经济下行的压力。

需求端的新常态：全球化红利衰退，外需减弱，外资退潮。2008 年金融危机爆发以来，西方发达国家受到了巨大的冲击，全球经济遭遇重创。如今，全球经济仍然面临巨大挑战。国际货币基金组织 2014 年 10 月发布的《世界经济展望》报告中指出，全球经济复苏进程"疲弱且不均衡"，经济增长乏力。世界经济全面复苏和健康成长，将是一个长期而曲折的过程。在此背景下，贸易保护主义抬头，全球贸易的急剧下降对中国出口造成前所未有的冲击。与此同时，美国退出量化宽松，全球资本将加速回流发达国家。对中国经济贡献巨大的外资也将难以重现昔日的辉煌。

二、经济增速转换缘于潜在增长率趋于下降

新常态之新，意味着不同以往；新常态之"常"，意味着相对稳定。新常态就是不同于以往的、相对稳定的状态。这是一种趋势性、不可逆的发展状态，意味着中国经济已进入一个与过去三十多年高速增长期不同的新阶段。中国经济发展的条件和环境已经或即将发生重大变化，经济增长步入中高速的"常态增长"。与过去三十多年的增长情形不同，我国劳动年龄人口数量开始减少，人口抚养比逐步提高，储蓄率和投资率趋于下降，加之劳动力等生产要素从农业部门向非农部门转移放缓，技术进步还不足以替代生产要素跨部门转移对全要素生产率提高的贡献，从而使得我国经济潜在增长率趋于下降。

经济运行具有周期性循环变化的规律，经历由增长、放缓甚至下滑到再增长的过程。经济增长如同一个人在跑马拉松，经过一段时间

的高速奔跑后，必须减速，否则身体难以承受，而后调整状态，继续前行。我国经济经历多年的高增长后，必然会进入新的调整时期。增长速度放缓是我国经济发展的内在逻辑决定的。经济学原理表明，GDP 增速往往围绕潜在增长率合理波动。未来一段时间，潜在增长率下降已成为不争的事实。随着劳动力供给下降、环境治理成本上升、消费向服务性商品倾斜，我国经济增长潜力下降，相应地，GDP 增速也会有所回落，继续保持高速增长已经做不到。另一方面，高投入、高消耗、高污染的规模速度型粗放增长方式，使得环境承载能力已经达到或接近上限，难以承受高的速度。我国经济增速换挡符合规律，逆规律而行，就会吃苦头，甚至适得其反。

国际经验表明，当一个国家或地区经历了高速增长阶段后，都会出现增速换挡现象。根据世界银行增长与发展委员会的统计，第二次世界大战后连续 25 年以上保持 7% 以上高增长的国家只有 13 个。1950—1972 年，日本 GDP 年均增速为 9.7%，1973—1990 年期间回落至 4.26%，1991—2012 年期间更是降至 0.86%；1961—1996 年期间，韩国 GDP 年均增速为 8.02%，1997—2012 年期间仅为 4.07%；1952—1994 年期间，我国台湾地区 GDP 年均增长 8.62%，1995—2013 年期间下降至 4.15%。环顾世界，不少国家和地区都是从 8% 以上的高速，直接切换至 4% 左右的中速，而中国经济尚能保持 7%—8% 的中高位运行一段时期。

在经济下行压力加大的背景下，2014 年前三季度 GDP 增长 7.4%。2013 年 GDP 总量达到 56.9 万亿元，已经是世界第二大经济体。如此庞大的总量基数，意味着每增长一个百分点所代表的增量不可小看。2013 年 GDP 增量超过 5 万亿元，约相当于 1994 年全年的经济总量。即使是 7% 左右的中高速增长，无论是速度还是总量，我国转向新常态下的中高速增长在全球主要经济体中也是名列前茅的。

三、新常态下的中高速增长挑战与机遇并存

从国内来看，新常态下，中国经济有双重"保险"。一是庞大的储蓄规模，2014 年 10 月末人民币存款余额 112.47 万亿元，同比增长 9.5%，增速比上月末高 0.2 个百分点。二是庞大的外汇储备。截至 2013 年年末，中国外汇储备超过 3.82 万亿美元。庞大的储蓄和外汇储备将成为中国经济增长的有力保障。

新常态下，我国经济增长更趋平稳，增长动力更为多元。尽管经济增速放缓，但是仍然保持在合理区间。2014 年前三季度，就业和物价形势总体稳定，1—9 月份城镇新增就业超过 1000 万人，提前完成目标任务，物价指数上涨 2.1%，涨幅比上半年回落 0.2 个百分点。城乡居民收入继续保持较快增长，全国居民人均可支配收入增速是 8.2%，增长速度比 GDP 增速高 0.8 个百分点。这些基本数据表明，中国经济巨轮正在平稳换挡、稳定前行。而且，我们正在协同推进新型工业化、信息化、城镇化、农业现代化，为中国经济提供了多元化的强劲增长动力，有利于化解各种"成长的烦恼"。中国经济更多依赖国内消费需求拉动，避免依赖出口的外部风险。

新常态下，中国经济结构优化升级，发展前景更加稳定。2014 年前三个季度，中国最终消费对经济增长的贡献率为 48.5%，超过投资；服务业增加值占比 46.7%，继续超过第二产业；高新技术产业和装备制造业增速分别为 12.3% 和 11.1%，明显高于工业平均增速；单位国内生产总值能耗下降 4.6%。这些数据显示，中国经济结构正在发生深刻变化，质量更好，结构更优。

当然，新常态下，我们不再追求高速增长，但并不意味着不要经济增长，不追求高增速不等于不追求增速，新常态下仍需要保持合理的增长速度，做到调速不减势、量增质更优。这个合理速度，符合经

济和市场的规律，也符合自然和社会的规律。因此，它是绿色的增长、创新的增长、收入和效益的增长。

第二节　发展方式从规模速度型粗放增长向质量效率型集约增长转换

习近平总书记提出："我们不再简单以国内生产总值增长率论英雄，而是强调以提高经济增长质量和效益为立足点。"[1]改革开放三十多年来，我国经济发展建设所取得的成就举世瞩目。但同时必须清醒地认识到，发展中的不平衡、不协调、不可持续等问题依然突出。新常态下，要求我们必须正确看待经济增长速度问题，应当在改进提高经济质量和效益、走向质量型差异化的市场竞争、推进绿色和可持续发展等方面发力，坚持质量导向、市场导向和集约导向，努力打造"中国质量"升级版，实现经济发展方式向质量效率型集约增长型转变。

一、发展方式转换是经济新常态的必然要求

中央经济工作会议明确提出："经济发展进入新常态，没有改变我国发展仍处于可以大有作为的重要战略机遇期的判断，改变的是重要战略机遇期的内涵和条件；没有改变我国经济发展总体向好的基本面，改变的是经济发展方式和经济结构。"经济新常态下，不仅仅是经济增长速度"量"层面的转换，更重要的是发展方式"质"层面的转换。

第一，发展方式从规模速度型粗放增长向质量效率型集约增长转

---

[1]　中共中央文献研究室编：《十八大以来重要文献选编》（上），中央文献出版社2014年版，第436页。

换，是适应国际经济环境新变化的迫切要求。2008 年以来的国际金融危机暴露了全球经济增长模式的不可持续性，以发达国家过度消费拉动全球经济增长的需求动力结构正在发生变化，而新兴市场国家的需求增长在短期内还难以完全承担起经济发展的主导力量。后国际金融危机时期世界经济形势的复杂变化，必然会对我国发展产生重大影响。各国在积极应对国际金融危机冲击的同时，都在抓紧进行经济结构调整，为未来更高水平的发展做准备。美国等发达国家重新重视实体经济，纷纷推出绿色新政、再工业化等战略，力图在新能源、新材料、生物医药等新兴产业领域扩大优势、抢占制高点。随着全球科技和产业变革、国家间贸易关系的调整，将使我国未来发展面临的国际产业、技术竞争更加激烈。同时，应对气候变化的博弈和能源资源的获取，粮食供求形势和金融体制的变化调整，也将影响我国经济安全。

　　第二，发展方式从规模速度型粗放增长向质量效率型集约增长转换，是促进我国经济长期平稳较快发展的根本途径。新常态下，保持经济平稳较快发展仍然具备较多的有利条件，但同时也存在诸多挑战。一方面，城市与农村、沿海与内地的差距扩大以及经济与社会、三次产业发展不协调等一些长期积累的矛盾和问题尚未得到根本解决，成为影响经济健康发展的重要制约因素；另一方面，伴随着工业化、信息化、城镇化、农业现代化的深入发展，人们的思想观念和消费行为、社会利益格局和大众诉求也在发生深刻变化，这些都对现有的增长模式提出了重大挑战。我们要在这一重要时期实现长期平稳较快发展，就必须未雨绸缪，切实以加快转变经济发展方式为主线，抓住机遇、趋利避害、化解矛盾，这样才能实现"两个一百年"的奋斗目标。

　　第三，发展方式从规模速度型粗放增长向质量效率型集约增长转换，是提高经济增长质量和效益的关键所在。目前，我国在这些方面存在的问题还比较多：产业结构不合理，突出的是"一产不稳、二产不强、三产不足"；缺乏核心技术，主要是因为投入不足、机制不健全和人才不足；管理方式粗放，主要是决策机制不灵、内控机制不严、组织管理不精细。比如，我国服务业比重比世界平均水平低十多个百分点，特别是现代服务业的规模和质量远不能满足需求，这不仅加大了资源环境压力，也不利于缓解就业矛盾。要根本解决我国产业发展中的结构、技术和管理等方面问题，必须以加快转变经济发展方式为主线，深化各项改革，完善市场体制，促进企业自主创新，调整优化产业结构，增强经济的竞争力。

二、发展方式转换所必须坚持的原则

只有加快从规模速度型粗放增长向质量效率型集约增长转换，把经济增长更多地建立在扩大内需、结构优化、科技创新的基础上，我们才能应对新的挑战，主动适应经济新常态，在未来的国际经济竞争格局中赢得主动，扩大我国经济社会发展空间。

一是要坚持质量导向原则。在增长阶段转换时期，增长速度放缓容易引人关注。然而，速度变化是相当表面化的，更重要的是速度背后的结构和发展质量变化。中国过去改革开放三十多年的经济发展历程，保持了年均接近10%的增长率，这是"量"上的飞跃。在新常态下，我们要更多地将精力聚焦到"质"的层面上来，努力打造"中国质量"升级版。从研究的角度看，如果未来中国经济的潜在增长率进一步下降，经济增速进一步下滑，但是如果能够顺利完成经济增长动力的转换，实现质量意义的经济增长，那这个增速回落所实现的成果、经济总体的含金量都会远超过去两位数的增长效果，经济发展的目标同样能够实现。

二是坚持市场导向原则。经过35年的改革，虽然市场机制在资源配置中的作用越来越明显，但并没有起到决定性作用，地区封锁、

部门分割、行业垄断比较严重地存在，市场主体竞争不充分。生产要素市场如土地市场、资本市场、产权市场、企业家市场、资本市场不健全等，政府直接配置资源的权限过多过大等。这些问题的存在严重地阻碍了市场活力的进一步发挥，阻碍了生产力的发展，阻碍了发展方式的转变。要实现发展方式从规模速度型粗放增长向质量效率型集约增长转换，提高资源配置效率，进一步释放经济活力，就必须坚持市场导向原则，让市场在资源配置中发挥决定性作用。

三是坚持集约导向原则。世界经济史的研究表明：世界上大多数经济体最初的经济增长，都是依靠利用本地区的资源比较优势，依靠短期内大量地增加生产要素投入而形成的。但任何一个国家或地区的劳动力、土地等资源供给都不可能是无限的，到了一定阶段必定会受到瓶颈制约。多年来，我国走着高投入、高消耗、高污染、低产出的经济发展路子，原油、原煤、天然气、铁矿石等重要资源的供给制约因素在加剧。与新常态下的发展目标相比，我国单位产值所消耗的能源、废水排放量等指标都有很大差距。新常态下，我们必须坚持集约导向原则，通过技术进步、科技创新等途径，努力提高投入产出效率，顺利实现发展方式向质量效率型集约增长转换。

三、发展方式转换的选择路径与重要着力点

新常态下发展方式的转换并不是一蹴而就的，需要付出艰辛的努力。只有实现了发展方式的转换，才能真正使中国经济走上以质量和效益为中心的发展道路，真正实现增长速度"下台阶"，增长质量"上台阶"。从整体上看，发展方式的转换主要从以下几个方面发力：

第一，加快经济结构的战略性调整。调整经济结构对发展方式转换具有决定性意义。我们要从解决对经济发展全局影响较大的结构性问题入手，既着眼于化解过去积累的矛盾和问题，又为经济不断迈上

新台阶、保持长期平稳较快发展创造条件。坚持扩大国内需求特别是消费需求的方针，构建扩大内需长效机制，调整和完善国民收入分配格局，提高居民消费能力，完善消费政策，培育消费热点，优化消费环境，增强消费特别是居民消费对经济增长的拉动作用。进一步优化投资结构，积极寻求投资与消费的结合点，以投资带消费，以消费促投资，努力实现投资与消费之间的良性循环，促进经济增长由主要依靠投资、出口拉动向依靠消费、投资、出口协调拉动转变。着力推动产业结构优化升级。加强农业基础地位，提升制造业核心竞争力，培育发展战略性新兴产业，加快发展服务业，着力改变"一产不稳、二产不强、三产不足"的状况，促进经济增长由主要依靠第二产业带动向依靠第一、第二、第三产业协同带动转变。积极稳妥推进城镇化，坚持走中国特色城镇化道路，加快消除城乡协调发展的体制性障碍，全面提升城镇化质量和水平，促进区域良性互动、协调发展。

第二，加快推动科技进步和技术创新步伐。发展方式的转变，最根本的是要靠科技的力量，最关键的是要大幅度提高自主创新能力。要推动全面创新，更多靠产业化的创新来培育和形成新的增长点。要大力增强自主创新能力，全面实施国家中长期科学和技术发展规划纲要，抓紧落实国家重大科技专项，加快推进知识创新和技术创新工程，加强基础研究和战略高技术研究，着力解决制约经济社会发展的重大科技问题。坚持科技为经济社会发展服务的方向，促进科技与经济更紧密结合，加快科技成果向现实生产力转化。进一步深化科技体制改革，推进国家创新体系建设，加强知识产权的创造、运用、保护、管理。壮大创新人才队伍，深入实施国家中长期人才发展规划纲要，构建有利于科学发展的人才体制机制，加快建立人才竞争的比较优势，统筹推进人才队伍建设，营造人才脱颖而出的良好环境，造就数以亿计的高素质劳动者、数以千万计的专门人才和一大批拔尖创新人才。

第三，加快推进经济体制重点领域和关键环节的改革。坚持和完善公有制为主体、多种所有制经济共同发展的基本经济制度，以优化国有经济布局结构和打破垄断为重点，进一步放开市场，引入竞争，营造各种所有制经济依法平等使用生产要素、公平参与市场竞争、同等受到法律保护的体制环境。稳步推进资源性产品价格和环保收费改革，逐步建立反映市场供求状况、资源稀缺程度和环境损害成本的价格形成机制。加快财税体制改革，健全有利于促进转变经济发展方式的财税制度。深化金融体制改革，构建高效运行、审慎监管和风险可控的金融体系。坚持对外开放的基本国策，实施互利共赢的开放战略，顺应经济全球化和世界经济格局调整的新变化，适应经济新常态的新要求，统筹国内发展和对外开放，形成参与国际经济合作和竞争新优势。必须更加积极地促进内需和外需平衡、进口和出口平衡、引进外资和对外投资平衡，逐步实现国际收支基本平衡，构建开放型经济新体制。

第四，加快实现资源的集约高效利用。新常态下，要深入贯彻节约资源和保护环境基本国策，坚持实施可持续发展战略，加快形成可持续发展的体制机制，加快推动形成绿色低碳循环发展新方式。加强能源资源节约和管理，强化节能减排，严格落实节能减排目标责任制，建立科学的节能减排指标体系、考核体系和监测体系，强化指标约束。积极推进节能减排重点工程建设，依法淘汰落后生产能力，全面推行清洁生产和节能技术。完善土地、水、重要矿产资源有偿使用制度，发展绿色经济和循环经济，推动形成节约能源资源的生产方式和消费模式。积极应对全球气候变化，继续实施应对气候变化国家方案，切实做好到2020年控制温室气体排放行动目标的落实工作，发展新能源和可再生能源，推广低碳技术，增加森林碳汇，促进经济社会发展与人口资源环境相协调，走集约高效发展之路。

第三节　产业结构由中低端水平向中高端水平转换

习近平总书记指出："新常态下，中国经济结构优化升级，发展前景更加稳定。"[①] 产业发展是经济发展的最主要承载体之一，推动产业结构由中低端向中高端转换是实现中国经济优化升级的主攻方向。改革开放以来，基于劳动力、土地、资本等廉价要素成本的产业低端化发展，在催生了我国三十余年经济高增长的同时，在相当程度上陷入了"低水平均衡陷阱"，滞缓了我国迈向经济强国的步伐。特别是国际金融危机中东南沿海低端制造业的衰落，使得推动产业结构由中低端迈向中高端，探索我国经济长期可持续增长的产业动力变得异常重要和紧迫。令人欣慰的是，近年来，尤其是党的十八大以来，新一届中央领导集体和政府正在将这一重大课题展现在国人面前，并推动其进入全新的发展阶段。

一、长期以来我国产业中低端化的主要表现

从全球价值链来看，我国长期处于价值链低端。托马斯·弗里德曼在其著作《世界是平的》中深刻描述了全球化引起的变革：产品在全球范围内销售，劳动和资本在全球范围内流动，要素流动的障碍越来越少，国际分工模式逐渐由产业间分工向产品内分工演变，不再由一个国家承担某个产品生产的所有环节，而是不同的国家立足于各种不同的产业链环节，每个国家生产产品的一部分或提供一项服务。不同产业链环节的附加值不同，但其价值链分布大都表现为"微笑曲线"。

---

① 习近平：《谋求持久发展，共筑亚太梦想——在亚太经合组织工商领导人峰会开幕式上的演讲》，《人民日报》2014 年 11 月 10 日。

比如，美国苹果公司生产的 iPhone 手机的生产过程由美国、日本、德国、韩国、中国等共同完成，苹果公司自身的利润率很高，而为苹果手机提供代工服务的中国富士康对每台 iPhone 手机价值的贡献率仅为 3.6%。从整体上看，中国的贸易总量似乎很大，但实际上从全球分工体系中获取的利益却很少。中国作为世界加工厂，长期被锁定于全球价值链的低端，在全球化生产和利益分配链条中处于劣势地位。在各产业内部，产业深化创新滞后，表现在高附加值和高技术产品比重偏低、工艺水平低下、"代工"长期居于价值链环节的主导地位等，从而使我国的产业增加值率、赢利能力、核心技术、产品档次等全面落后于世界先进水平。

我国产业结构处于全球价值链低端的重要原因是现代产业体系发展滞后，大量落后的传统农业和低端产业广泛存在。受自主创新能力弱的影响，不仅以战略性新兴产业为代表的狭义现代产业体系尚不能担负起拉动经济增长和转变经济发展方式的重任，而且现代农业、服务业和文化产业均亟待实现跨越式发展。当前，国内外环境发生了深刻的变化，新一轮技术革命正在酝酿，随着经济全球化和区域经济一体化的深入发展，国际产业转移规模不断扩大，层次不断向高端延伸，出现了产业链条整体转移的趋势，全球经济增长放缓。面对新的形势和问题，唯有全面推行产业转型升级，转变发展方式，加快构建现代产业体系。

此外，我国的经济发展方式仍然粗放，能源资源供给和环境保护压力巨大。长期以来，我国粗放型经济增长模式不仅没有改变，且总体呈加剧趋势，物耗高、能耗高、污染高等问题更加突出。产业组织结构不合理，企业规模小而散，规模不经济，不能适应"走出去"的战略要求。产业集群发展滞后，专业化、协作化水平低。就业和人才结构无法适应产业结构升级需求。一方面，"用工荒"不断向各领域、各区域蔓延；另一方面，高端研发人才、高级技工与技师等技能型人才极其匮乏，都对推动产业结构由中低端迈向中高端产生了巨大的制约作用。

二、推动产业结构由低端逐步向高端演进的战略意义

国际经验表明，推动产业结构由低端逐步向高端的演进，既构成了一国经济在长期内实现可持续快速增长的基本动力和提升经济发展质量的基本保证，也是提升国际竞争力的重要标志。

以日本为例，20世纪80年代中后期日本经济泡沫破裂后，面对信息产业发展的历史性机遇，尽管日本实现了由低端向中高端的演进，但诸多因素决定了其始终没有到达最高端，导致20世纪90年代至今，落入长期低增长陷阱，一直没有实现经济的根本性扭转。而美国则不同，它利用其科技的强大优势，在第三次科技革命中，率先通过发展信息产业，成功推动产业结构的重大演进，实现了近十年的经济高增长。可见，在全球化经济中，激烈的国际竞争实质上主要表现在各国不同的产业结构演进能力。

世界经济史的研究表明，世界制造中心的第一次转移是从封建王朝时期的中国转移到工业革命后的欧洲，第二次转移由英国转移到了德国和美国，第三次是苏联和日本制造业的崛起，但是他们未能取得像美国那样独尊的地位，只能算半个制造中心。这些国家在转型和调整产业结构上，有很多做法值得中国借鉴，然而前人的经验又无法全盘复制。每个国家的制造业转型都与其特定的国情有关。

从现状看，发展中国家长期处于产业结构的低端。一方面，发展中国家与发达国家之间形成了巨大的传统产业的"鸿沟"；另一方面，发达国家正在形成高新技术产业和现代服务业的产业"悬崖"，即发达国家以其高新技术产业和现代服务业的庞大躯体和高水平，凸显出

与发展中国家之间的巨大反差，并在相当程度上压制着后者的发展。作为人口、国土面积和产业大国的中国，必须通过不断地推动产业结构由低端迈向中高端、高端，才能为实现经济的长期可持续增长、提高国际竞争力，以及社会的长治久安奠定坚实的物质基础。

新常态下，我们必须在低端站稳脚跟的同时，向高端制造业迈进，建立起一个高效的、完善的和拥有强大生命力的制造业体系。从全球范围看，制造业兴则国家兴，制造业强则国家强。《美国制造》一书引用的数据显示，美国有超过 2/3 的研发资金投入制造领域，其最终的制成品销售中，每 1 美元支撑了其他部门 1.4 美元的产出，而服务业最终销售的每 1 美元仅支撑其他部门 0.71 美元的产出。从我国基本国情看，我们人多地少，农业并不具有较强的国际竞争力，而服务业大发展是在经济发展到高水平阶段才能够出现的现象。

三、推动产业结构由低端迈向中高端的重点内容

2013 年，我国第三产业增加值占 GDP 的比重达 46.1%，首次超过第二产业，2014 年上半年，这一比例攀升至 46.6%，继续超过第二产业。2014 年前三个季度，高新技术产业和装备制造业增速分别为 12.3% 和 11.1%，明显高于工业平均增速，这是非常好的结构优化升级迹象。我们要大力发展先进制造业、优先发展战略性新兴产业，推动服务业特别是生产性服务业的大发展，努力实现产业结构由低端向中高端迈进，为经济结构的优化升级提供支撑。

第一，大力发展先进制造业。先进制造业是指通过吸收电子信息、新材料等高新技术，以及现代管理技术，使传统制造业创新出更为先进的制造技术，并将这些技术综合应用于制造业产品的研发设计、生产制造、在线检测、营销服务和管理的全过程，实现优质、高效、低耗、清洁、灵活生产，即实现信息化、自动化、智能化、柔性

化、生态化生产，达到实现更好的经济社会与市场绩效、延长产业寿命等目标的制造业总称。先进制造业的具体行业包括装备制造业、船舶业、汽车业、冶金和建材业、石化业、轻纺业、包装业、电子信息业、建筑业等。先进制造业代表着科技与产业变革的重要方向，要提升其核心竞争力和促进结构升级，一方面，要着眼于优化结构、改善品种质量、增强产业配套能力、淘汰落后产能；另一方面，要着重发展先进装备制造业，调整优化原材料工业，改造提升消费品工业。为此，促进这些行业加强企业技术改造、引导企业兼并重组、促进中小企业发展、优化产业布局显得非常重要和迫切。

第二，优先发展战略性新兴产业。战略性新兴产业是以重大技术突破和重大发展需求为基础，对经济社会全局和长远发展具有重大引领带动作用的产业。因此，全面推动战略性新兴产业由中低端迈向中高端，是我国"十三五"乃至更长时期提高产业核心竞争力的重中之重，是增强我国经济社会可持续发展能力、转变经济发展方式的战略举措，是塑造产业国际竞争新优势、提升国际分工地位、掌握未来发展主动权的迫切需要和必然选择。未来时期，我国战略性新兴产业的发展重点应当集中在：一是新一代信息技术产业。要着力突破物联网、三网融合、下一代互联网、集成电路、新型显示等重点领域。二是高端装备制造业。即装备制造业中具有技术密集、附加值高、物质资源消耗少、成长空间大、带动作用强的智能制造装备、航空装备、卫星及应用、轨道交通装备、海洋工程装备等重点领域。三是新材料产业。我国的新材料产业（六大类重点）必须要大力发展特种金属功能材料、高端金属结构材料、先进高分子材料、新型无机非金属材料、高性能复合材料，加强纳米、生物、超导、智能等前沿新材料研究。四是节能和新能源汽车产业。现阶段，新能源汽车产业的发展重点应该放在电池、电机、电控等关键技术的研发上。同时，要重视传统汽车的技术水平提高，积极发展节能汽车，靠技术进步不断降低传统汽车的能耗。五是生物产业。包括生物医药、生物育种、生物制造、生物医学工程产品这四个主要的领域。六是新能源装备及节能环保装备产业。

第三，推动服务业特别是生产性服务业的大发展。服务业特别是生产性服务业的发展，对于推动产业结构由中低端迈向中高端具有重要意义。生产性服务业是指直接或间接为生产过程提供中间服务的服务性产业，是面向生产者的服务产业。未来生产性服务业的发展重点是有序拓展金融服务业、大力发展现代物流业、培育壮大高技术服务业、规范提升商务服务业等。优先发展生产性服务业，一要推进服务领域改革。建立公平、规范、透明的市场准入标准，打破部门分割、地区封锁和行业垄断，扩大服务业开放领域，鼓励和引导各类资本投向服务业；大力发展多种所有制服务企业，建立统一、开放、竞争、有序的服务业市场；探索适合新型服务业态发展的市场管理办法；推进国家服务业综合改革试点，探索有利于服务业加快发展的体制机制和有效途径。二要完善服务业政策。实施有利于服务业发展的价格、财税、金融、土地、投资政策，改善服务业发展软环境，是实现服务业跨越式发展的重要先决条件。现阶段，完善服务业政策的重点包括：实行鼓励类服务业用电、用水、用气、用热与工业同价；扩大服务业用地供给，工业企业退出的土地优先用于发展服务业；结合增值税改革，完善生产性服务业税收制度；拓宽服务业企业融资渠道，支持符合条件的服务业企业上市融资和发行债券；扩大政府采购服务产品范围；建立健全服务业标准体系；支持服务业企业品牌和网络建设；优化服务业发展布局，推动特大城市形成以服务经济为主的产业结构等。

第四节 增长动力由要素驱动、投资驱动向创新驱动转换

习近平总书记明确提出将中国经济"从要素驱动、投资驱动转向创新驱动"作为中国经济新常态的主要特点之一。目前，我国经济正进入由高速增长转向中高速增长的"新常态"，要素的规模驱动力减弱，经济增长将更多依靠人力资本积累和技术进步。要努力实现经济行稳致远，从中低端迈向中高端水平，主要增长动力必须做相应转换，让创新成为驱动发展的新引擎。加快从要素驱动、投资规模驱动发展为主向以创新驱动发展为主的转变，是我国经济增长动力适应"新常态"的一个显著特征。

一、传统的要素驱动、投资驱动方式已面临瓶颈制约

改革开放三十多年来，我国经济增长主要是依靠劳动力、资本、资源三大传统要素投入，是一种典型的要素驱动型。从当前的情况看，这三大要素均面临着诸多瓶颈约束，已难以支持我国经济的长期可持续增长。

从劳动力角度看，过去劳动力成本低是最大优势，引进技术和管理就能迅速变成生产力，现在人口老龄化日趋发展，农业富余劳动力减少，要素的规模驱动力减弱，经济增长将更多依靠人力资本积累和技术进步，必须让创新成为驱动发展新引擎。据统计，以 2012 年为例，全国劳动人口共计 9.37 亿人，比上年末减少 345 万人。根据预测，到 2015 年，这一数字将下降到 9.28 亿，到 2020 年下降到 9.16 亿，经济学意义上的"刘易斯拐点"正在或者说已经来到中国。与此同时，我国劳动力成本持续上升。据有关部门调查，2005 年以前，农民工

月平均工资不足 1000 元；此后农民工工资开始缓步攀升，到 2011 年，外出农民工月均收入达到 2049 元，较上年增长 21.2%，2012 年，外出农民工人均月收入水平为 2290 元，比上年增长 11.8%。不仅如此，全社会的整体工资水平都有所上升，"巴拉萨—萨缪尔森效应"[①] 正在显现。

从资本角度看，资本曾经是一国经济增长的决定性力量。通过多年的对外开放以及国内经济发展所形成的积累，我国资本总量已经十分充足。截至 2012 年年末，我国居民储蓄余额突破 40 万亿元，累计利用外资的余额达到 1.2 万亿美元。但是，我国储蓄向投资转化还存在许多障碍，投资的结构性问题比较突出。主要表现在政府投资比重过高、领域过宽，在一定程度上挤占了企业的投资空间。而企业投资、社会投资还面临着诸多障碍与约束。近年来，随着几轮积极财政政策的刺激，政府投资已面临着边际回报率递减、可投资的领域减少、地方债务风险显性化和加大的风险，以政府投资来继续拉动经济增长的空间已经越来越小。

从资源角度看，我国人口众多，各类资源的人均保有量均低于世界平均水平。改革开放以来，我国经济快速增长，与此同时，淡水、土地、森林、矿产、动植物等各类资源的消耗量急速上升，资源产出率大大低于世界先进水平。以 2010 年为例，我国资源产出率（约为 3770 元 / 吨）仅是日本的 1/8、英国的 1/5、德国的 1/3、韩国的 1/2。资源的过度消耗不仅削弱了经济增长与社会发展的长期基础，而且带来了严重的环境污染和生态退化问题，与人民群众生活密切相关的水、土、气都不同程度地出现了问题。

总之，随着支撑过去快速发展的传统人口红利和资源红利的消

---

① 巴拉萨—萨缪尔森效应：又称"巴萨效应"，是国际经济学中的一个概念，具体是指在经济增长率越高的国家，工资实际增长率越高，实际汇率的上升也越快的现象。

失，我国以要素驱动、投资驱动为主的发展道路已难以为继，亟须改变。新常态下，能否通过有效扩大内需，抑制发展速度下降；能否通过结构调整和技术进步，提高质量效益；能否通过深化改革，进一步释放制度红利；能否通过促进包容性增长，促进普遍就业和收入提高，有效解决发展面临的不平衡、不协调和不可持续问题，将决定我国经济发展的前途。

二、实现创新驱动发展是"新常态"的必然要求

首先，创新驱动的发展，是更加符合经济规律的科学发展。改革开放以来，我国经济发展保持了三十多年的高速增长。1979 年至 2013 年，我国国内生产总值年均增速接近 10％，比同期世界经济年均增长率高出 7 个百分点。经济总量则从 1978 年的世界第十跃升至 2010 年的世界第二。但同时我们必须清醒地看到，我国经济规模很大，但依然大而不强；我国经济增速很快，但依然快而不优。

"大而不强，快而不优"，这与长期以来我国经济增长的主要驱动力关系甚大。同世界发达经济体相比，三十多年来，我国主要依靠要素驱动、投资驱动推动经济高速增长，由此导致我国经济发展质量不高、效益不好，产品多在中低端水平上参与竞争，在国际产业分工中赚的多是苦力钱，科技创新对经济发展的贡献率不高，关键领域核心技术对外依存度偏高，受制于人。同时，长期依靠要素驱动为主推高增速，使我国经济发展形成了增长速度崇拜和要素驱动依赖的惯性力量，造成了体制机制上有不少适应要素驱动而不利创新驱动的制度性藩篱。从现实情况看，无论是市场主体、政府机关，还是普通民众，创新意识、创新思维、创新氛围和创新活动都不强，这对我国经济实现结构调整和转型升级，从旧态势向新常态过渡增加了难度。近代世界经济发展史上，三十多年主要依靠要素驱动和投资驱动推动经济高

速增长，只有中国一家。可以说，中国经济在增速方面创造奇迹的同时，也暴露出偏离经济规律的弊端，暴露出中国发展列车速度很快、引擎落后的系统性问题。

告别旧态势，进入新常态的"先手棋"就是创新驱动。要解决中国经济高速发展三十多年后积累的深层次矛盾和问题，适应发展速度中高速、发展水平中高端的新特征和新要求；要改变人们在经济发展上的"增长速度崇拜"和"要素驱动依赖"，激发全社会的创新活力，使中国经济发展更加符合客观规律，就必须加快以要素驱动、投资驱动向创新驱动为主转变，用好创新这把"金钥匙"，适应中国经济新常态。

其次，创新驱动的发展，是更加符合自然规律的可持续发展。三十多年来主要依靠要素驱动、投资驱动的发展方式，使我国面临的资源能源环境制约日趋严峻，主要表现在两个方面：一是要素供给新态势的制约。从现状和趋势看，我国劳动力、资本、土地、资源、能源、环境的低成本优势逐渐消失，以要素驱动为主很难实现经济行稳致远。二是资源能源环境恶化的制约。劳动力资源总量趋降的同时，劳动力市场效率偏低。世界经济论坛最新全球竞争力报告显示，我国劳动力市场效率排名第 37 位。资源能源消耗总量大和利用率低的问题非常突出。2012 年，我国的资源能源消耗约占全球的 21.3%，单位 GDP 能耗大约是世界平均水平的 2 倍、发达国家的 4 倍、日本的 7 倍，甚至高于墨西哥、巴西等发展中国家。水资源、土地资源、大气资源退化严重，环境承载力已逼近极限。联合国环境规划署 2013 年的一份报告称：三十多年来，中国已经从对矿物、化石燃料和其他原材料消耗不太多的国家发展成为全球第一大资源消耗国，其代价就是资源的快速枯竭和环境的大范围退化。我国经济发展同资源能源环境之间的突出矛盾，主要在于经济发展的驱动力方面。解决的根本措施就是换引擎、转动力，实现创新驱动。习近平总书记指出，"现在，世界发达水平人口全部加起来是 10 亿人左右，而我国有 13 亿多人，全部进入现代化，那就意味着世界发达水平人口要翻一番多。不能想象我们能够以现有发达水平人口消耗资源的方式来生产生活，那全球现有资源都给我们也不够用！老路走不通，新路在哪里？就在科技创新上，就在加快从要素驱动、投资规模驱动发展为主向以创新驱动发展为主的转变上"[①]。突破我国发展面临的资源能源环境瓶颈制约，优化国土空间开发格局，全面促进资源节约，加大自然生态系统和环境保护力度，着力解决雾霾等一系列问题，努力建设天蓝地绿水净的美丽中国，使发展更加可持续、更符合自然规律，就必须扎扎实实地推进创新驱动。

第三，创新驱动的发展，是符合社会规律的和谐发展。目前，世界上的发达经济体已经走上了以创新驱动发展为主的道路。《中国创新发展报告（2014）》指出，美国、德国等二十多个创新型国家，科技创新对经济发展的贡献率达到了 70% 以上，对外技术依存度低于 20%，80% 的技术是出自本国。从这些国家的经验看，创新驱动不仅有利于缓解人与自然的矛盾，实现经济绿色、均衡、可持续发展，且有利于调节人与人的矛盾，实现社会有序竞争、和谐公正。稳居全球竞争力前十位的荷兰，十分强调创新对提升企业竞争力和解决社会问题的双重价值。依靠创新驱动应对社会问题，也是欧洲社会的基本理念。当前我国面临的很多社会问题，也是经济发展理念、发展方式和驱动力在社会领域的累积反映，它们之间有着千丝万缕的联系。要解决市场发育不完善、竞争不充分、收入差距大、环境压力大、征地等资源类争夺的矛盾频发等问题，除了加强社会治理，还应从经济基础

---

① 习近平：《习近平谈治国理政》，外文出版社 2014 年版，第 120 页。

着眼，从转变经济发展驱动力入手。

创新是人类社会发展与进步的永恒主题，是社会发展的一般性、普遍性规律。当代中国，创新集中体现为改革。中国三十多年来改革开放本身就是规模宏大的创新行动。实现经济以创新驱动发展为主，是改革的题中之义。习近平总书记指出，"如果把科技创新比作我国发展的新引擎，那么改革就是点燃这个新引擎必不可少的点火系"①。创新驱动的新引擎倒逼改革的点火系更加完善。随着改革不断深化，我国市场导向的创新格局日益形成，但制约科技经济紧密结合、制约企业创新能力和原始创新水平提升等体制机制问题仍然不少。解决这些问题，就必须深化科技体制改革，破除一切制约科技创新的思想障碍和制度藩篱，处理好政府和市场的关系，推动科技和经济社会发展深度融合，打通从科技强到产业强、经济强、国家强的通道，以改革释放创新活力，加快建立健全国家创新体系，让一切创新源泉充分涌流。

第四，我国已具备实施创新驱动战略的坚实基础和良好条件。推进发展以创新驱动为主，也是立足我国经济社会发展水平的战略抉择。经过三十多年改革开放，我国积累了坚实的物质基础，有持续创新的系列成果，有总量稳居世界第一的科技队伍，有4200万工程技术人才。通过几代科技人员的艰苦奋斗，我国科技整体水平大幅提升，一些重要领域跻身世界先进行列，某些领域正由"跟跑者"向"并行者""领跑者"转变。我国进入了新型工业化、信息化、城镇化、农业现代化同步发展、并联发展、叠加发展的关键时期，给自主创新带来了广阔发展空间、提供了前所未有的强劲动力。

---

① 习近平：《习近平谈治国理政》，外文出版社2014年版，第125页。

三、实施创新驱动战略，提高我国的全要素生产率水平

结合当前严峻的国际形势和我国经济发展的阶段性特点，新常态下，要打造中国经济升级版，促进经济的长期可持续发展，就必须转变要素的投入方式，努力提高我国的全要素生产率水平。

提高全要素生产率的关键在于创新。按照熊彼特的说法，所谓创新就是要"建立一种新的生产函数"，即把一种从来没有的关于生产要素和生产条件的"新组合"引进生产体系中去，以实现对生产要素或生产条件的"新组合"。创新既可以是产品创新、技术创新、市场创新，也可以是资源配置创新和组织创新。按杰里米·里夫金的论述，当今世界正在进入以新的通信技术(互联网）和新的能源基础(可再生能源）为基础的第三次工业革命时期。值此人类正踏在第三次工业革命的门槛之际，我国与其他主要国家大致处于同一起跑线上，因此必须抓住机遇，迎头赶上，塑造我国经济发展的先发优势。

第一，深化科技体制改革，加快建设国家创新体系。要着力构建以企业为主体、市场为导向、产学研相结合的技术创新体系，加快建立企业主导产业技术研发创新的体制机制，使企业成为技术创新决策、研发投入、科研组织和成果应用的主体，完善市场导向的创新格局。积极支持科技型中小企业发展。深化科研院所分类改革，增强科研院所、高等学校创新和服务能力。完善知识创新体系，全面推进国防科技创新体系、区域创新体系和科技中介服务体系建设，加强基础研究、应用研究、技术创新和应用推广的有机衔接，促进科技资源开放共享，加强统筹协调和协同创新，提高国家创新体系整体效能。深化科技管理体制改革，促进科技管理科学化和资源高效利用。坚持以用为本，将培养与引进有机结合起来，统筹各类创新人才发展，完善人才激励制度，充分激发广大科技人员的创造活力，建设高水平创新

创业人才队伍，以人才强促进科技强，带动产业强，实现经济强。

第二，强化基础研究、前沿技术研究、社会公益技术研究，抢占科技发展战略制高点。坚持目标导向和自由探索相结合，建立健全稳定支持和竞争择优相结合的投入机制，完善评价导向，鼓励科学家持续积累，不断提高科学研究水平和成果转化能力。推进学科交叉融合，在新学科的培育中抢抓重大原创性突破的机遇。优化学科和领域布局，努力在可能出现革命性突破的前沿方向、在关系长远发展的关键领域、在关系国家安全和利益的战略必争领域取得重大创新成果。加强国家（重点）实验室等重大基础研究平台建设。发挥好国家科研院所的骨干和引领作用、高等学校的基础和主力军作用，引导企业更多关注和投入原始创新。

第三，把增强自主创新能力作为战略基点，推动经济发展方式转变和经济结构调整。围绕产业发展需求部署创新链，完善科技有效支撑引领产业发展的机制。实施国家科技重大专项，并根据形势需要不断调整充实，着力突破重大技术瓶颈，充分发挥国家科技计划、示范应用工程等的引领带动作用，充分发挥国家自主创新示范区、高新技术产业开发区等的核心载体作用，实现从研究开发到产业化的有机衔接，加快发展战略性新兴产业。加快新技术、新产品、新工艺研发应用，加强技术集成和商业模式创新，加快共性技术突破和成果转移转化，促进传统产业改造升级。推进科技服务业创新发展，不断完善现代服务业技术支撑体系。深化农业科技创新创业，建立健全新型农村科技服务体系。促进科技与文化融合，运用现代科技加强和创新社会管理，大力发展关系民生的科学技术。

第四，完善科技创新政策环境，把全社会智慧和力量凝聚到创新发展上来。完善落实国家中长期科技发展规划纲要配套政策，总结推广相关试点政策，积极研究制定深化科技体制改革、加快国家创新体系建设有关政策措施。完善科技创新评价标准、激励机制、转化机制，不断形成激励创新的正确导向。深入实施知识产权战略，加强知识产权保护，不断健全创新法治环境。大力推进科技和金融结合，健全多元化科技创新投入体系。完善科技宏观管理，促进创新资源高效配置和综合集成，引导全社会智慧和力量进一步向创新发展聚集。大力倡导创新光荣，加强科学普及，强化科学道德建设，提高全民科学文化素质，厚植创新文化土壤。

第五，扩大科技开放合作，在共享创新机遇中推进自主创新。强化全球视野和国际眼光，立足国际科技资源加快流动和重组的实际，在开放合作中提高我国产业技术水平和科技实力。支持企业、地方与高新区提高引进消化吸收再创新水平，鼓励企业到海外建立研发机构。支持国际学术组织、跨国公司等来华设立研发机构，吸引全球优秀科技人才来华创新创业。围绕战略需求积极参与国际大科学计划和工程，鼓励我国科学家发起和组织国际科技合作计划。与各国加强在能源资源、粮食安全、人口健康、气候变化等全球性问题上的科技合作，共同应对人类面临的共同挑战。全面加强多层次、多领域、多形式的国际科技合作，与各国共享创新机遇。

第六，加紧实施国家中长期人才战略。在人类社会发展进程中，人才是社会文明进步、人民富裕幸福、国家繁荣昌盛的重要推动力量，也是我国经济社会发展的第一资源。当前和今后一个时期，我国人才发展的指导方针是：服务发展、人才优先、以用为本、创新机制、高端引领、整体开发。争取到2020年，培养和造就规模宏大、结构优化、布局合理、素质优良的人才队伍，确立国家人才竞争比较优势，进入世界人才强国行列。其中，要围绕提高自主创新能力、建设创新型国家，以高层次创新型科技人才为重点，努力造就一批世界水平的科学家、科技领军人才、工程师和高水平创新团队，注重培养一线创新人才和青年科技人才，建设宏大的创新型科技人才队伍。

第五节　资源配置由市场起基础性作用向起决定性作用转换

习近平总书记指出："我们全面深化改革，就要激发市场蕴藏的活力。"① 党的十四届三中全会提出"建立社会主义市场经济体制，就是要使市场在国家宏观调控下对资源配置起基础性作用"，十八届三中全会提出"全面深化改革必须发挥经济体制改革牵引作用，紧紧围绕使市场在资源配置中起决定性作用深化经济体制改革"。从"基础性"到"决定性"两字之改对市场作用作出了全新的定位，这既是中国经济发展到新阶段、新常态下认识深化的必然产物，也是实践发展的客观要求。

一、经济体制改革理论的突破和发展

三十多年来，我们用改革的办法解决了党和国家事业发展中的一系列问题。我国经济体制改革一直围绕着调整政府和市场关系进行，从计划经济到有计划的商品经济，再到社会主义市场经济，市场的力量一步步得到释放。党对政府和市场关系的认识不断升华。

第一，从计划经济到有计划的商品经济，突破了把计划经济同商品经济对立起来的传统观念。1978 年，党的十一届三中全会提出，应该坚决按经济规律办事，重视价值规律的作用。1979 年，邓小平同志提出，"社会主义也可以搞市场经济"、"把这当作方法，不会影

---

① 习近平：《谋求持久发展，共筑亚太梦想——在亚太经合组织工商领导人峰会开幕式上的演讲》，《人民日报》2014 年 11 月 10 日。

响整个社会主义，不会重新回到资本主义"。① 邓小平同志第一次把市场经济同社会主义直接联系起来，把市场经济当作发展生产力的方法，从而开启了我国波澜壮阔的改革开放伟大征程。理论界的"思想革命"也拉开大幕，在计划经济和商品经济的争论中，学术交锋经常发生，新观点不断出现。1982 年，党的十二大提出"计划经济为主、市场调节为辅"的经济体制改革原则。1984 年，党的十二届三中全会提出"发展社会主义商品经济"的重要论断，突破了把计划经济同商品经济对立起来的传统观念。

第二，用市场经济概念替代商品经济概念，在理论认识上又前进了一大步。到了 20 世纪 80 年代中后期，随着改革实践的发展和理论研究的深入，对经济体制改革的认识进一步深化，商品经济概念和商品经济思维，开始越来越多地为市场经济概念和市场经济思维所替代。这种理论认识上的重要进步，集中表现在 1987 年党的十三大政治报告中，即"社会主义有计划商品经济的体制，应该是计划与市场内在统一的体制"，"新的经济运行机制，总体上来说应当是'国家调节市场，市场引导企业'的机制"，强调计划和市场的作用都是覆盖全社会的，不再提计划经济为主。与十二届三中全会提出发展社会主义商品经济相比，十三大政治报告提出建立和培育社会主义市场经济体系，在理论认识上又前进了一大步，改革实践的眼光、领域、思路大大开阔。

第三，提出建立社会主义市场经济体制的目标，实现了经济体制改革理论的重大突破。1992 年，党的十四大提出了我国经济制度改革的目标是建立社会主义市场经济体制，"就是要使市场在社会主义国家宏观调控下对资源配置起基础性作用"，这为长期纠结于"计划"

---

① 《邓小平文选》第 2 卷，人民出版社 1993 年版，第 231、236 页。

和"市场"的改革开启了一个新的里程碑。至此，我们党对社会主义市场经济的认识、对政府和市场关系的认识达到了一个新高度：市场经济不仅仅是市场竞争机制、供求机制和价格机制，更是一种资源配置机制。习近平总书记在谈到1992年的经济制度改革目标时指出，"这一重大理论突破，对我国改革开放和经济社会发展发挥了极为重要的作用"。"这也说明，理论创新对实践创新具有重大先导作用，全面深化改革必须以理论创新为先导"①。

第四，作出"使市场在资源配置中起决定性作用"的历史定位，是在完善社会主义市场经济体制上迈出的新步伐。2013年，党的十八届三中全会提出，"使市场在资源配置中起决定性作用"。用"决定性"代替"基础性"，正是认识上的不断深化和理论上的重大创新。习近平总书记就《决定》作说明时指出，从党的十四大以来的二十多年间，对政府和市场的关系，我们一直在根据实践拓展和认识深化寻找新的科学定位。现在，我国的社会主义市场经济体制已经初步建立，市场化程度大幅度提高，我们对市场规律的认识和驾驭能力不断提高，主客观条件具备，应该在完善社会主义市场经济体制上迈出新的步伐，从理论上作出新表述的条件已经成熟，应该把市场在资源配置中的"基础性作用"修改为"决定性作用"。这是自1992年提出建立社会主义市场经济体制的改革目标以来，经过二十多年的实践后，理论上取得的重要发展。

二、使市场在资源配置中起决定性作用的内涵和意义

习近平总书记强调，进一步处理好政府和市场的关系，实际上就是要处理好在资源配置中市场起决定性作用还是政府起决定性作用这

---

① 中共中央文献研究室：《十八大以来重要文献选编》，中央文献出版社2014年版，第498页。

个问题。中央作出"使市场在资源配置中起决定性作用"的科学定位，结合了对市场经济规律的认识和我国已经初步建立社会主义市场经济体制的现实，是理论和实践的统一。

第一，使市场在资源配置中起决定性作用是市场经济的本质要求。市场决定资源配置是市场经济的一般规律，市场经济本质上就是市场决定资源配置的经济。所有经济活动最根本的问题，就是如何最有效地配置资源。所谓配置资源，就是各种生产要素如何用于不同商品的生产，以及所生产的商品如何分配到各生产要素所有者。资源配置方式不同，会产生不同的配置效率。经济发展就是要提高资源尤其是稀缺资源的配置效率，以尽可能少的资源投入生产出尽可能多的产品，获得尽可能大的效益。理论和实践都证明，市场配置资源是最有效率的形式。市场决定资源配置，就是在经济活动中遵循和贯彻价值规律，实质就是让价值规律、竞争和供求规律等市场经济规律在资源配置中起决定性作用。

第二，使市场在资源配置中起决定性作用，并不是说市场在资源配置中起全部作用。把市场在资源配置中的"基础性作用"修改为"决定性作用"，十分清楚地表明在市场经济活动中，除市场之外的任何其他因素都不在资源配置中起决定性作用，政府调节也不例外。但是，这并不是说市场在资源配置中起全部作用，在市场失灵的领域还要更好地发挥政府作用。市场作用和政府作用互不否定，只是职能不同。使市场在资源配置中起决定性作用就是运用价值规律中的优胜劣汰原则配置资源，是绝对不可否定的。更好地发挥政府作用就是政府要积极排除妨碍优胜劣汰原则配置资源的因素。十八届三中全会也对更好发挥政府作用提出了明确要求，强调政府的职责和作用主要是保持宏观经济稳定，加强和优化公共服务，保障公平竞争，加强市场监管，维护市场秩序，推动可持续发展，促进共同富裕，弥补市场失灵。

第三，我国的实践证明，社会主义和市场经济能够成功结合。社会主义和市场经济都不是僵化不变的，而是能动的、不断向前发展的。市场经济为社会主义注入蓬勃生机和发展活力，社会主义为市场经济开辟崭新境界和广阔前景。习近平总书记指出，我国实行的是社会主义市场经济体制，我们仍然要坚持发挥我国社会主义制度的优越性、发挥党和政府的积极作用。社会主义市场经济体制的巨大优越性和强大生命力就在于，它不仅能够将社会主义和市场经济两者的优势结合在一起，而且留有很大空间，可以随着实践和认识的发展，通过深化改革不断优化这种结合。

第四，提出使市场在资源配置中起决定性作用，是经济发展的实践要求。随着社会主义市场经济体制不断完善，我国市场配置资源的功能和条件逐步形成，但是仍然存在市场体系不完善、市场规则不统一、市场秩序不规范、市场竞争不充分，政府权力过大、审批过杂、干预过多和监管不到位的问题，影响了经济发展活力和资源配置效率。习近平总书记强调，作出"使市场在资源配置中起决定性作用"的定位，有利于在全党全社会树立关于政府和市场关系的正确观念，有利于转变经济发展方式，有利于转变政府职能，有利于抑制消极腐败现象。可见，提出"使市场在资源配置中起决定性作用"是实践不断发展的要求。

三、使市场在资源配置中起决定性作用的现实针对性

当前，我国社会主义市场经济体制正处于完善发展阶段，存在诸如市场规则不统一、竞争公平性不够、要素市场发育不充分、政府职能错位等问题。"使市场在资源配置中起决定性作用"的理论认识来源于实践，又是针对现实用来解决实际问题的重要依据。"使市场在

资源配置中起决定性作用"的理论创新，就是为了解决存在的问题，具有很强的现实针对性。

第一，使市场在资源配置中起决定性作用的基础不牢固。我国实行社会主义市场经济体制以来，市场体系建设取得了很大成就，但与建立统一开放、竞争有序的市场体系预期目标还有相当大的差距。不同市场主体往往难以获得同等的市场准入条件，特别是电信、电力、石油、铁路、金融保险等领域，民间资本进入面临诸多限制。地方保护主义和市场分割现象比较突出，有些地方在立法环节制定有利于本地企业的各种标准，或滥用行政权力限制外地企业和产品进入。农村土地制度改革不到位，以及土地价格扭曲和配置低效。资本市场仍有明显的行政管制色彩，技术市场发展仍然相对滞后。这些问题影响和削弱了市场配置资源的效率，说明发挥市场配置资源决定性作用的基础还不牢固。

第二，市场规则缺乏公开透明，市场竞争公平性不够。发展社会主义市场经济，必须搭建让市场机制充分发挥作用的平台，要让企业自主经营、公平竞争，让消费者自由选择、自主消费，让商品和要素自由流动、平等交换。当前，我们的市场准入负面清单尚未建立，各类市场主体可依法平等进入的领域还没有确定。各类违法实行优惠政策的行为屡禁不止，阻碍公平竞争的各种市场壁垒层出不穷。工商注册门槛高、效率低，政府权力不规范。流通领域体制机制性障碍明显，法治化营销环境未完全建立。优胜劣汰的市场化退出机制也不健全，一些产能过剩的行业不能实施有序退出，经常发生的企业破产政府兜底的现象造成了企业对政府的严重依赖，企业把决策失误的责任推给社会。市场规则不健全、不透明，严重制约了市场的高效运行和市场主体竞争力的提升。

第三，价格机制没有充分发挥作用，要素市场发育滞后。价格机制是价值规律的核心，当前，我国一些重点领域的价格形成机制没有建立，尤其是水、石油、天然气、电力、交通、电信等领域价格改革需要持续深入推进。要素市场的培育和发展是市场配置资源的必要条件，当前，我国重要要素市场的改革还不到位，城乡统一的建设用地市场没有建立，技术创新市场导向机制有待完善，信息市场、劳动力市场等发育不充分。金融是经济活动的血液，但我国的金融体系还不稳健，资本市场不发达，金融业开放不够，地方债务风险不断积累，人民币汇率形成机制和利率市场化改革需要持续深入推进。这些问题的存在说明完善社会主义市场经济体制的任务还比较繁重。

第四，社会信用体系不健全，市场秩序不规范。市场经济是信用经济，社会信用体系是市场经济的重要制度安排。当前，我国尚未形成覆盖全社会的信用体系，社会诚信意识不强、个人信用观念淡薄，失信成为系统性问题。由于信用体系建设的滞后，财务失真、偷税漏税、合同违约、商业欺诈、恶意拖欠和逃废银行债务、制假售假等现象屡禁不止，严重扰乱了正常的市场秩序。完善社会主义市场经济体制，需要在改革市场监管体系的同时，补上信用建设这一短板，尽快建立"褒扬诚信，惩戒失信"的激励约束机制，营造诚实守信的社会氛围。

第五，政府干预过多和监管不到位问题突出。一方面，政府对市场的过度干预，造成了资源配置低效甚至浪费，束缚了市场主体创业、创新活力。尤其是阻碍民间投资的"玻璃门""弹簧门"和"旋转门"的存在，不仅造成民营资本的"挤出"效应，而且导致权力寻租、滋生腐败。另一方面，政府监管不到位问题突出，导致市场秩序紊乱。诸如，食品药品安全缺乏"防火墙"、环境保护缺乏"隔离带"，重特大安全生产事故疏于防范，非法集资活动猖獗，低劣产品充斥市场等。这些现象产生的原因，归根结底是没有使市场在资源配置中起决定性作用和更好发挥政府作用，政府越位、缺位和错位现象突出。

四、如何使市场在资源配置中起决定性作用

当前，我国社会主义市场经济体制处于完善阶段，要使市场在资源配置中起决定性作用，进而提高资源配置效率，就必须进一步处理好政府和市场的关系，加快完善现代市场体系，建立公开透明的市场规则等。

第一，进一步处理好政府和市场的关系。习近平总书记在浙江工作期间曾说，深化市场取向的改革，关键是要处理好政府和市场的关系，即"看得见的手"和"看不见的手"这"两只手"之间的关系。他在十八届三中全会上又指出，进一步处理好政府和市场关系，就是要处理好在资源配置中市场起决定性作用还是政府起决定性作用这个问题。十八届三中全会《中共中央关于全面深化改革若干重大问题的决定》也提出"资源配置依据市场规则、市场价格、市场竞争"，"政府的职责和作用主要是保持宏观经济稳定，加强和优化公共服务，保障公平竞争，加强市场监管，维护市场秩序，推动可持续发展，促进共同富裕，弥补市场失灵"。可见，改革推进到当前阶段，正如习近平总书记所说，"两只手"应该是这样的关系：比如，在经济社会协调上，市场这只手更多地调节经济，政府这只手则强化社会管理和公共服务的职能；在经济运行上，市场这只手调节微观领域的经济活动，政府这只手用来制定游戏规则、进行宏观调控；在公平与效率上，市场这只手激活效率，政府这只手则更多地关注公平；在城乡发展上，城市的发展更多地依靠市场"无形之手"的作用，农村的发展则由政府的"有形之手"承担更多职能。

第二，加快完善现代市场体系。改革开放以来，我国现代市场

体系建设取得显著进展：商品市场体系基本建成，要素市场初具规模，供求关系确定的价格形成机制已经确立，市场开放程度不断提高，多元化市场主体空前活跃，与市场相关的法律法规体系和社会信用体系得到重视和不断完善，市场在资源配置中的基础性作用得以发挥，这些都为下一步"使市场在资源配置中起决定性作用"创造了条件。下一步，要着力清除市场壁垒，进一步提高资源配置效率和公平性，完善主要由市场决定价格的机制，建立城乡统一的建设用地市场，完善金融体系，深化科技体制改革等。具体就是：推进水、电等领域价格改革，完善农产品价格形成机制；允许农村集体经营性建设用地出让、租赁、入股，实行与国有土地同等入市、同权同价，完善土地租赁、转让、抵押二级市场；扩大金融业对内对外开放；健全技术创新导向市场机制等。

第三，建立公平公开透明的市场规则。市场体系是依照特定规则运行的，市场规则不同，市场体系运行的方式和效率也不尽相同。近年来出现的地方保护、市场分割，以及各类违法优惠政策等，扭曲了资源配置，从长期看对全局发展不利，亟须清理整顿，下一步要在制定负面清单的基础上，建立和实行统一的市场准入制度。当前，存在对于企业资质认定项目过多、工商注册门槛高、效率低等问题，下一步要推进工商注册制度便利化，提高行政权力运作的透明度。针对市场经济不规范、经济活动中存在各类违法违规现象，政府在严格监管的同时，下一步要加强社会信用体系建设，健全激励约束机制，在整合信用记录、培育信用市场、创新信用产品、规范信用服务等方面下功夫。此外，还要完善企业破产程序，进一步健全优胜劣汰的市场化退出机制；推进国内贸易流通体制改革，建设法治化营商环境等，这些都是建立公开透明的市场规则的重要任务。

第六节 经济福祉由非均衡型向包容共享型转换

习近平总书记指出："人民对美好生活的向往，就是我们的奋斗目标。"[①] 全面深化改革必须以促进社会公平正义、增进人民福祉为出发点和落脚点。这是坚持我们党全心全意为人民服务根本宗旨的必然要求。全面深化改革必须使改革发展成果更多更公平地惠及全体人民。如果不能给老百姓带来实实在在的利益，如果不能创造更加公平的社会环境，甚至导致更多不公平，改革就失去意义，也不可能持续。在经济新常态下，发展将更趋均衡，我们将不断改革创新社会体制，增进人民福祉。

一、城乡二元结构逐步向一元结构转换

党的十八大报告指出，要加大统筹城乡发展力度，促进城乡共同繁荣。加大强农惠农富农政策力度，让广大农民平等参与现代化进程、共同分享现代化成果。这是第一次在党的报告中从农民与现代化的战略高度提出的重要思想，是党中央对中国农民在全面建成小康社会过程中主体地位的进一步确立，是我们党执政为民理念的进一步体现，意义重大而深远。随着我国新型城镇化和新农村建设的加快推进，由城乡二元结构向一元结构转型，以工促农、以城带乡、工农互惠、城乡一体的新型工农城乡关系正在加快形成。

城乡二元结构，是指在制度上把城镇居民和农村居民在身份上分为两个截然不同的社会群体，公共资源配置和基本公共服务等向城镇和城镇居民倾斜，农村得到的公共资源和农民享有的基本公共服务明

---

① 中共中央文献研究室：《十八大以来重要文献选编》，中央文献出版社2014年版，第70页。

显滞后于城镇和城镇居民，农民不能平等参与现代化进程、共同分享现代化成果。比如，在户籍制度方面，户口在性质上分为农业户口和非农业户口，农民被登记为农业户口，城镇居民被登记为非农业户口，农业户口不能自由转换为非农业户口。在这种二元户籍制度下，大量进城务工农民，虽然已经不再从事农业，也大部分时间不在农村居住，但并不能真正获得市民身份，无法在城市安家落户和融入城市，无法在就业、子女教育、医疗、社会保障、住房等公共服务领域享受同城镇居民相同的待遇，合法权益不能得到充分保护。

现代化是一个由农业文明向工业文明转变的历史进程，在以工业化和城市化为主要内容的现代化进程中，农民很容易被抛弃在现代化进程之外，不能平等参与现代化进程，更无法共同分享现代化成果，尤其是在我国这样一个拥有五千年历史的传统农业大国。回顾新中国成立以来我国经济发展和现代化建设的历程，在相当长的时间里，由于工业化优先发展的战略，形成了城乡二元结构，农民付出甚多，获取甚少。正是通过农村改革极大地解放和发展了农村生产力，调动了广大农民参与现代化建设的积极性，我国的现代化建设才有了稳定的基础和强大的社会动力。尤其是党的十六大以来的十年间，粮食生产实现了"九连增"，确保了国家粮食安全。"菜篮子"供应丰富，极大地满足了市场供应和人们日益增长的生活需求，有力地支援了我国工业化和城市化的快速发展，支援了我国的现代化建设事业。

我国是一个13亿人口的发展中大国，也是一个体制转型国家。在这种条件下，破除城乡二元体制，统筹城乡发展，既没有现成的经验可循，也没有既定模式可以照搬。近年来，我国坚持城乡发展规划一体化、城乡间生产要素流动市场化、城乡居民公共服务均等化的方向，围绕农村产权制度、城乡建设用地市场建设、户籍制度、城乡基本公共服务制度、农民工市民化、城乡社会管理等多个领域的改革，进行了积极探索，积累了许多行之有效的经验。以农村居民人均收入为例，2013 年我国农村居民人均年收入已达到 1.61 万元（见图 2—2），增速明显快于城镇居民。这些趋势表明我国的城乡关系正由二元结构向一元结构转换。

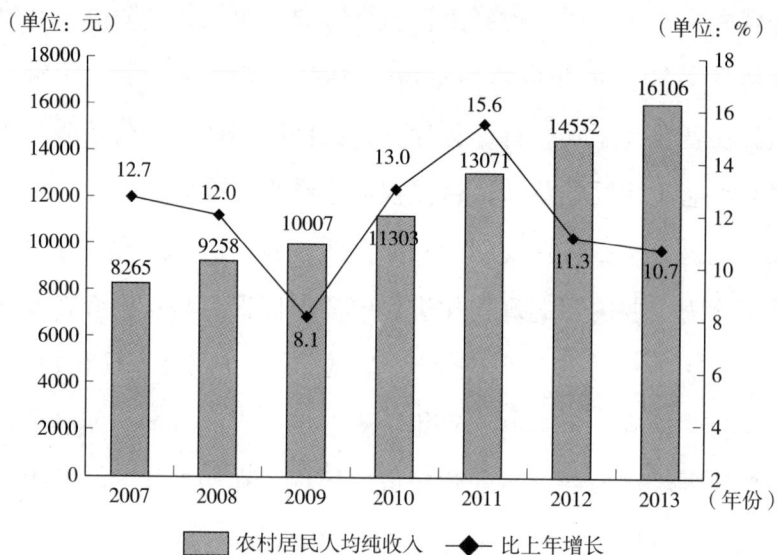

图 2—2　2007—2013 年农村居民人均收入示意图

二、区域协调发展不断得到改善

改革开放以来，我国实施的是以东部沿海地区为发展重点的区域非均衡发展战略。这在初期很大程度上激发了经济发展的活力和动力，促进了国民经济的持续快速增长，但也同时带来了结构性产业失衡和区域失衡的问题。

为此，"十一五"以来，国家制定和颁布了许多关于区域协调发展的重要政策及指导意见，使我国的区域发展呈现出一系列积极的变化：区域间发展差距扩大的势头得到一定的遏制；产业从沿海向内地转移趋势明显，中西部增长极不断涌现；对欠发达地区的扶持力度持续增大，极大地促进了上述地区的经济发展和社会进步；区域合作广度和深度不断加强。

我国通过推动主体功能区战略，优化国土空间开发格局，实现区域可持续发展等举措，区域协调发展不断得到加强。在"十二五"发展纲要中，指出"实施区域发展总体战略和主体功能区战略，构筑区域经济优势互补、主体功能定位清晰、国土空间高效利用、人与自然和谐相处的区域发展格局"。区域发展总体战略阐明了我国未来区域发展的总体方向，而主体功能区战略则阐明了我国区域空间开发的秩序与方式。两大战略相辅相成，共同构成我国区域协调发展的完整战略格局。

自 2008 年以来，中西部地区经济增速连续 5 年高于全国平均水平，我国经济版图正在发生深刻变化。2012 年数据显示，贵州、重庆、云南等省市的经济增速位列全国前三位（见图 2—3）。从整体上看，我国的经济增长中心不断向中西部地区拓展，中西部一些重点地区对区域发展的支撑作用愈发增强。而中西部地区所具有的综合资源优势、工业基础、科技实力优势以及更加注重转型、创新、可持续的

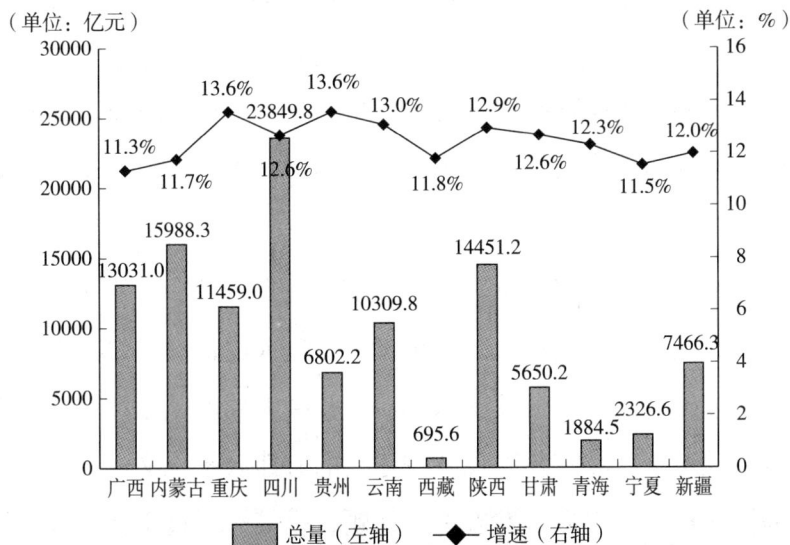

图 2—3　2012 年西部地区经济总量与增速示意图

发展理念，给包括金融业在内的各行业带来了广阔的发展空间，区域协调发展战略不断得到有效实施。

此外，"一带一路"、京津冀协同发展、长江经济带三大战略正在抓紧实施，区域增长格局与协调发展正发生重大而可喜的变化。在新常态下，经济福祉走向包容共享型将是长期趋势。

三、新常态下经济福祉将向包容共享型转换

从城乡关系变化与区域协调发展等层面可以看出，经济福祉由非均衡型向包容共享型转换，将是新常态下的长期趋势。"包容"的要义是共享，包容性发展，并不是为了经济增长而不择手段，而是要通过合理的制度安排、公平正义的方式，让发展的成果普惠大众尤其是弱势群体，并由此构筑新的发展基础。

在一个发展不平衡、利益格局多元化的社会，提倡包容和共享，并非要泯灭一切差别，回到平均主义大锅饭的老路上去，也不是屈从于贫富分化、特权垄断等不良现象，因为这两者都会抑制发展活力，引发社会问题。包容性的共享，就是要在正视合理差异的基础上，开辟一条既做大蛋糕又分好蛋糕的新路，为人们创造平等发展的环境、公平竞技的舞台，让真才实学者获得向上流动的机会，让教育、医疗等优质资源服务更多人，让普通劳动者从收入分配中得到更多"甜头"。

实现经济福祉向包容型转变，还要不断促进社会公平正义、增进人民福祉。我们讲促进社会公平正义，增进人民福祉，是从最广大人民根本利益出发，从社会发展水平、从社会大局、从全体人民的角度看待和处理这个问题。我国现阶段存在的有违公平正义、不利于增进人民福祉的现象，许多是发展中的问题，是能够通过不断发展，通过制度安排、法律规范、政策支持加以解决的。我们必须紧紧抓住经济

建设这个中心，推动经济持续健康发展，进一步把"蛋糕"做大，为保障社会公平正义奠定更加坚实的物质基础。这样讲，并不是说就等着经济发展起来了再解决社会公平正义、增进人民福祉的问题。"蛋糕"不断做大了，同时还要把"蛋糕"分好。我国社会历来有"不患寡而患不均"的观念。我们要在不断发展的基础上尽量把促进社会公平正义的事情做好，既尽力而为、又量力而行，努力使全体人民在学有所教、劳有所得、病有所医、老有所养、住有所居上持续取得新进展。

实现经济福祉由非均衡型向包容共享型转换，主要靠制度的改革创新。不论处在什么发展水平上，制度都是实现社会公平正义，实现包容共享、共同富裕的重要保证。我们要通过创新制度安排，努力克服人为因素造成的有违公平正义的现象，保证人民平等参与、平等发展的权利。要把促进社会公平正义、增进人民福祉作为一面镜子，审视我们各方面体制机制和政策规定，哪里有不符合促进社会公平正义的问题，哪里就需要改革；哪个领域哪个环节问题突出，哪个领域哪个环节就是改革的重点。对由于制度安排不健全造成的有违公平正义的问题要抓紧解决，使我们的制度安排更好地体现社会主义公平正义原则，更加有利于实现好、维护好、发展好最广大人民的根本利益。

第 三 章

保持战略定力与平常心：新理念与新思维

习近平总书记指出："我国发展仍处于重要战略机遇期，我们要增强信心，从当前我国经济发展的阶段性特征出发，适应新常态，保持战略上的平常心态。在战术上要高度重视和防范各种风险，早作谋划，未雨绸缪，及时采取应对措施，尽可能减少其负面影响。"① 推动中国经济实现新常态不是一件容易的事情，更不是自然而然就能够实现的，必须经过艰苦的努力奋斗才有可能实现。未来一段时期，我们要坚持稳中求进的工作总基调，既要保持战略上的平常心态，稳妥应对各种不确定性因素带来的冲击，努力实现实实在在和没有水分的增长，又要在战术上主动作为，积极推进经济结构的优化升级，坚定不移地推进全面深化改革。

第一节　坚持稳中求进的总体基调

当前，国际政治经济环境复杂多变，国内经济运行不断呈现新情况、新变化，对我国的经济发展提出了新挑战。面对复杂多变的形势，我们要头脑清醒、立场坚定；要敢于面对风险挑战，敢于迎难而上、奋发有为。当前保持稳定的经济社会环境，是社会主义现代化和

---

① 《深化改革发挥优势创新思路统筹兼顾，确保经济持续健康发展社会和谐稳定》，《人民日报》2014 年 5 月 11 日。

改革开放的根本要求。

一、坚持稳中求进总基调的必然性

坚持稳中求进，是近年来党中央确定的工作总基调。2015年中央经济工作会议提出，要主动适应经济新常态，坚持稳中求进的总基调，坚持以经济增长的积累和效益为核心，保持经济运行在合理区间，把转方式调结构放在更加重要位置。"坚持稳中求进，坚持科学发展，中国一定能实现更长时期、更高水平、更好质量的发展。""稳中求进"的基调来自于对当下国内外经济形势的科学判断。虽然当前"我国仍处于重要战略机遇期"，但是"重要战略机遇期在国际环境方面的内涵和条件发生很大变化"：当前中国所面临的机遇，是倒逼中国扩大内需、提高创新能力、促进经济发展方式转变的新机遇。我国目前经济增长的内生动力已略显乏力，国内工业的增长动力减弱、传统比较优势减弱、实体经济吸引力不足，经济结构将进入转型升级的关键时期，经济体制仍需改革创新；同时经济社会矛盾不断凸显，转变发展方式、改革创新势在必行。

习近平总书记始终强调，当前要坚持稳中求进的工作总基调，不断促进经济持续健康发展。稳中求进是发展经验的总结，是应对国内外形势变化的要求，是全面深化改革的需要，体现了党中央领导经济工作的辩证法。稳中求进中的"稳"是指事物稳定的状态，"进"是指事物变化的状态。稳中求进是事物两种状态的辩证统一，关键是要采取渐进发展的方式。"稳"是稳增长、稳定宏观经济运行，是前提和基础；"进"就是转变经济发展方式，寻求更高质量的经济增长，是方向和目标。只有通过"稳"，才能为转变经济发展方式创造有利的外部条件；只有通过"进"，才能不断巩固经济增长的新基础，提高经济增长的质量和效益，才能够实现新一轮更高水平、更可持续、更小代价的可持续增长。要充分发挥消费的基础作用、投资的关键作用和出口的支撑作用，推动经济均衡地稳定增长。

　　坚持稳中求进，就是要在加快转变经济发展方式过程中突出科学发展这个主题，把稳增长、控物价、调结构、惠民生、抓改革、促和谐更好地结合起来。"稳"与"进"是辩证统一、互为条件的，"稳"才能更科学地发展、更持久地前进。在经济工作中，必须正确处理稳、进、改的关系，审时度势，谋定后动，做到静有定力、动有秩序、改有实效。习近平总书记指出，要准确把握改革发展稳定的平衡点，准确把握近期目标和长期发展的平衡点，准确把握经济社会发展和人民生活改善的结合点。准确把握改革发展稳定的平衡点，就是要自觉地把改革力度、发展速度和社会可承受程度统一起来。准确把握近期目标和长期发展的平衡点，就是要既谋划好顶层设计又注重眼前实践。准确把握经济社会发展和人民生活改善的结合点，就是要推进经济增长与居民收入同步提高，让改革发展成果惠及全体人民。稳中求进必须坚持宏观政策要稳、微观政策要活、社会政策要托底。宏观政策要稳，就是坚持积极财政政策和稳健货币政策，坚定地推进经济结构调整。稳政策目的是稳市场预期。注重定向调控，不靠短期刺激政策拉动经济增长，而是依靠改革和市场来推动发展。微观政策要活，就要按照市场经济规律办事，以解决问题为导向，对已出台的各项政策措施抓紧落实，增强市场主体内生动力。社会政策要托底，就是要不断改善民生，创新社会治理，把基本民生搞好，加强社会保障，织牢社会稳定的安全网。从根本上讲，稳中求进是实现科学发展的全局性方针。历史地看，稳才能更科学地发展、更持久地前进。

　　过去三十多年里，正是靠稳扎稳打，不断推动社会主义现代化事业前进，才取得了举世瞩目的辉煌成就。当前我国经济总量已位居世界第二，处于中低收入向中高收入迈进的发展阶段，经济发展面临许多新情况。这要求我们必须稳步前进，既不能冒进，也不能停滞。坚持稳中求进，就必须要把改革要求与科学发展、政治稳定、社会和谐的要求统一起来。要把改革的顶层设计、理论论证与尊重人民群众在改革中的首创精神统一起来，尽量减少或避免引发新的社会矛盾，始终做到稳定、改革、发展三者相协调、相统一。

二、必须坚持平稳健康发展的基本旋律

稳中求进中的"稳"，就是要保持宏观经济政策的连续性和基本稳定性，保持经济平稳较快发展；就是要综合施策，保持物价总水平基本稳定，防止物价走势反弹，保持市场预期稳定；就是要有效化解各种社会矛盾，促进社会和谐稳定。"稳"字当头的经济政策有利于我国经济更加健康发展。

第一，要保持增长稳定。近年来，我国经济一直保持快速增长，虽然速度快、规模大，但质量和效益不高。我国已进入转变经济发展方式、调整经济结构的关键时期，增长速度必然会回落。但是，保持经济增长速度相对比较稳定，对于保证就业还是必要的。增长速度过低，会影响社会的预期和信心，引发各种社会矛盾。因此，既不要追求过高的增长速度，也不需抑制合理的经济增长，关键是要注重增长的质量和效益。

第二，要保持物价稳定。物价涉及民生、关系社会大局稳定。物价如果过低，经济会陷入衰退；物价如果过高，经济则会失衡。我国中低收入人口比重大，对物价剧烈波动的承受能力低。我国通胀压力仍然较大，劳动力、土地等要素价格和农产品价格上涨压力较大，输入性通胀压力也较大，加上 2013 年价格环比上涨带来的翘尾因素，物价调控任务还很重。

第三，要保持就业稳定。促进就业是民生工程的头等大事。当前就业形势仍很严峻，我国劳动力就业的总量矛盾和结构性矛盾并存，大学生就业、农民工就业以及下岗人员再就业工作交织在一起，压力很大。世界经济仍然低速增长，我国经济下行压力与产能相对过剩的矛盾突出，企业生产经营成本上升和创新能力不足的问题并存，城镇新增就业任务艰巨。因此必须要把就业放在经济工作的突出位置，拓宽就业渠道，才能确保就业形势总体稳定。

第四，要保持农业稳定。农业是国民经济的基础，如果农业出现滑坡，经济社会就会出现波动。当前国内外发展环境十分复杂、不确定性因素日益增多，农业稳定发展的重要性愈加凸显。稳定农业首先要稳定粮食。当前我国粮食虽然连年增产，但供求仍存在"总量基本平衡、结构性紧缺"。根本原因是，农业综合生产能力提高还跟不上农产品消费需求的增长。需要进一步加大对农业支持保护力度，积极巩固和加强农业基础，我国粮食安全才能更有保障。

第五，要保持出口稳定。稳定出口主要是为了稳定我国制造业大国地位，稳定外向型就业，同时消化过剩产能。当前出口形势不容乐观，世界主要经济体总需求仍然不足，各种贸易保护主义明显抬头，东南亚国家出口竞争力上升，而我国出口竞争优势尤其是劳动力成本优势在递减。稳定增加出口，需要实行多元化出口战略，培育潜在市场，尽快形成新的出口竞争优势。

第六，要保持社会稳定。要积极有效地化解各种矛盾和风险隐患，促进社会和谐稳定。社会大局稳定是做好各项工作的前提条件。这要求我们要增强政治意识、忧患意识和责任意识，关注可能影响社会稳定的内外因素，把不安全的因素化解在萌芽状态，确保人们安居乐业，健康发展。只有社会稳定，发展才会有基础。

三、必须坚持改革创新进取的基本方向

稳中求进中的"进"，就是在转变经济发展方式上取得新进展，在深化改革开放上取得新突破，在改善民生上取得新成效。"进"，就是要继续抓住和用好中国发展的重要战略机遇期，在转变经济发展方式上取得新进展，在深化改革开放上取得新突破，在改善民生上取得新成效。要把改革创新贯穿于经济社会发展的各个领域、各个环节，全面深化改革，着力激发市场活力，加快调整结构，切实提高经济发展质量和效益，勇于突破创新，以改革促进发展和改善民生。

第一，要加强改革创新。改革是发展的不竭动力。经过三十多年的改革实践，我国成功实现了向社会主义市场经济体制的转变，极大地解放和促进了生产力。应继续深化改革，着重加强利益关系调整、资源要素分配。重点是要处理好政府和市场的关系，在市场经济体制完善和行政管理体制改革上取得新进展；要坚持放开和放权，更大程度发挥市场配置资源的决定性作用，为生产要素自由流动和市场主体自主经营创造更好的条件；要减少政府对微观经济的干预，减少行政审批，把权力关进制度的笼子里。目前改革已进入深水区和攻坚期，迫切需要进一步加强顶层设计和总体规划。

第二，要加快调整经济结构。经济结构战略性调整，是转变经济发展方式的重要方向。要采取政府调控与市场机制并用方式，存量调整与增量调整并举，采取地区、产业差别化政策。既要减少过剩产能、高能耗产业，又要加快发展服务业、现代农业、战略性新兴产业，要加快压缩、消化过剩产能，积极鼓励东部地区通过实施创新驱动战略来盘活存量，同时也要支持中西部地区通过加快发展做大增量，实现区域协调发展。

第三，要不断改善民生。人民生活状况弱化会加剧社会矛盾，也

会影响经济发展。当前我国民生问题仍然比较突出，解决民生中的突出问题，既可以扩大社会消费，同时也能增加政府的公信力和凝聚力。因此，要着重保障低收入群体基本生活，在加强政府财政补贴的同时，也要积极帮扶广大人民群众勤劳致富。

第二节　保持战略定力与平常心

习近平总书记指出："我国发展仍处于重要战略机遇期，我们要增强信心，从当前我国经济社会发展的阶段性特征出发，适应新常态，保持战略上的平常心态。"[①] 中央经济工作会议全面深刻论述了中国经济发展的阶段性特征，提出要科学认识、准确把握、积极适应、正确引导经济发展新常态，对 2015 年中国经济工作进行了全面部署。这些论述深刻揭示了我国经济发展阶段的新变化，充分展现了以习近平为总书记的党中央高瞻远瞩的战略眼光和处变不惊的决策定力，从战略和实践两个层面为正确认识、积极应对新常态提供了理论依据。

一、保持战略上的平常心

中国经济新常态，本质上是一个结构调整、动力转换、提质增效的过程。对之保持战略上的平常心态就是要客观分析这一势态、理性面对。认识新常态，适应新常态，引领新常态，是当前和今后一个时期我国经济发展的大逻辑。

从世界经济发展看，经济发展增速换挡是普遍规律。尤其是由高速增长向中高速换挡甚至再向中低速换挡是经济发展的常态。也就是

---

① 《深化改革发挥优势创新思路统筹兼顾，确保经济持续健康发展社会和谐稳定》，《人民日报》2014 年 5 月 11 日。

说，当一个国家或地区的经济发展经历一段时间的高速增长后，都会出现增速"换挡"现象，不少西方发达国家的经济增速都是从8%以上的"高速挡"直接切换到4%左右的"中速挡"。1950—1972年，日本经济保持了9.7%的高速增长，在1973—1990年间进入了4.26%的中速增长，1991年以来更是进入了中低速增长。韩国、中国台湾等地区也是如此。当前，世界经济仍处于国际金融后的深度调整期，2015年世界经济增速虽有可能会略有回升，但总体复苏、疲弱态势难有明显改观，国际金融市场波动加大、国际大宗商品价格波动、地缘政治等非经济因素影响加大。中国经济必须以新常态来应对国际经济的变化。

从我国经济发展看，经济发展增速换挡是经济自我调整的必然结果。经过三十多年的高速增长，我国经济总量跃居世界第二，跃上了一个大台阶。当前，我国经济正处于"三期叠加"和深层次矛盾凸显阶段，面临结构调整压力、资源环境约束压力、支撑增长的需求乏力等因素，潜在增长速度下降、增长动力调整不以人的意志为转移，推动经济进入转型升级、提质增效新阶段势在必行。尤其是我国经济发展出现了一些阶段性新特征，我国经济正在向形态更高级、分工更复杂、结构更合理的阶段演化，经济发展进入新常态，正从高速增长转向中高速增长，经济发展方式正从规模速度型粗放增长转向质量效率型集约增长，经济结构正从增量扩能为主转向调整存量、做优增量并存的深度调整，经济发展动力正从传统增长转向新的增长点。

因此，面对经济发展增速换挡、方式转型、结构调整、动力转换的经济新常态，需要客观、冷静、理性地看待，保持一颗平常心。既要摆脱"速度情结"和"换挡焦虑"，看到增速换挡、提质增效是规律、是大势；更要以战略的平常心，在保持经济平稳运行的情况下，坚持不懈地推动经济发展提质增效升级，努力做到调速不减势，量增质更优，推动经济从传统的粗放发展向高效率、低成本、可持续转型。

二、保持战略定力，从容面对

战略定力，就是要有长远的战略眼光，要稳得住心神，不为外界所困，不为一时得失所扰，不为一时利益、一时情绪，或者一时的注意力改变初衷、目标和方向。保持战略定力主要表现为追求远大目标矢志不渝，应对复杂局势泰然自若，运筹利益全局胸有成竹，化解风险挑战胜券在握。能不能保持战略定力，是一个国家、政党是否成熟的重要标志。

面对经济新常态，习近平总书记特别强调要保持战略定力。在2012 年中央经济工作会议上，习近平总书记第一次使用"战略定力"一词。他说：从历史上看，新兴大国出现必然带来国际格局调整，必然遭到守成大国遏制。这也是我国在今后较长时期内将面临的重大挑战。我们要充分认识这种战略变化的客观必然性，把握好大国关系演变的特点，保持战略清醒和战略定力。我们必须牢记一个历史铁律：决定世界政治经济格局的，归根到底是大国力量对比，最终靠的还是实力。我们要集中精力办好自己的事，不断全面提高综合国力。只有这样，我们才能从根本上保障国家主权、安全、发展利益。

习近平总书记还提出：在相当长时期内，初级阶段的社会主义还必须同生产力更发达的资本主义长期合作和斗争，还必须认真学习和借鉴资本主义创造的有益文明成果，甚至必须面对被人们用西方发达国家的长处来比较我国社会主义发展中的不足并加以指责的现实。我们必须有很强大的战略定力，坚决抵制抛弃社会主义的各种错误主张，自觉纠正超越阶段的错误观念。最重要的是，还要集中精力办好自己的事情，不断壮大综合国力，不断改善人民生活，不断为赢得主动、赢得优势、赢得未来打下更加坚实的基础。

在经济步入新常态背景下，国际国内形势复杂多变，经济发展进程和势态很容易受到干扰。应对新常态处理不好有两种可能：一是定力不够，重新出台强力的刺激政策，势必使债务杠杆率更加恶化，对局部区域、个别经济领域火上浇油，致使未来经济出现大的波动。二是预判失误，微刺激的政策着力点不足以保持经济底线，或者受地缘政治冲突影响，能源供应受挫，导致经济增长滑出底线。

所以，面对经济新常态下的风险、挑战，习近平总书记反复强调要增强战略定力。一是要有战略清醒，在经济新常态下，各种阻力和挑战绕不开、躲不过，尤为需要"每临大事有静气"的沉稳，尤为需要"不畏浮云遮望眼"的坚毅，尤为需要"风物长宜放眼量"的气度。二是增强战略思维，要看大局、谋大势，分清主流、支流，抓住经济发展中的问题要害和主要矛盾，科学决策、定向施策。要善于运用全局思维，跳出局部看全局，以大局为重；善于前瞻思维，洞察发展趋势，摆脱一时一事的束缚，主动谋局布势，下好"先手棋"，打好"主动仗"。三是牢固树立底线思维。凡事做到有备无患、遇事不慌，牢牢把握主动权，努力争取最好的结果。经济新常态下，各级领导干部从制定宏观政策、措施到出台解决具体问题的工作方案，都需要准确地找出短板，据此划定不可逾越的底线，即包括稳增长、促就业"下限"和防通胀"上限"的经济底线。要守住经济风险底线，关注风险积聚发生发展趋势，严控增量、区别对待、分类施策、有序化解。要守住环境保护的底线，推动形成绿色低碳循环发展新方式。要守住民生底线，更加重视民生改善和社会建设。在增强战略定力的同时，把困难和挑战估计得充分一些，把防范措施做得周密一些，使中国经济步入新常态征途上"不跌跤、不熄火"，实现增速平缓换挡。

三、进一步增强信心，适应新常态

增强战略定力，不是盲目乐观，其背后是对我国经济社会发展的清醒判断和自信。新常态下，我国经济发展仍面临着一些新的机遇：不但有保持中高速增长的良好条件，而且具备持续健康发展的多元动力。

第一，从经济增长基础上看，新常态下的中国经济增速虽然放缓，但实际增量依然可观。经过三十多年高速增长，我国经济总量已今非昔比。2013 年全年的经济增量就相当于 1994 年全年经济总量，可以在全世界排到第十七位。即使是 7% 左右的增长，无论是速度还是总量，在全球也是名列前茅的。习近平总书记在 2014 年亚太经合组织工商领导人峰会开幕式上的演讲中强调："中国经济的强韧性是防范风险的最有力支撑。我们创新宏观调控思路和方式，以目前确定的战略和所拥有的政策储备，我们有信心、有能力应对各种可能出现的风险。"①

第二，从经济增长动力上看，新常态下的中国经济增长更趋平稳，支撑中国经济增长动力更为多元。当前，我国仍处于工业化和城镇化的快速成长期，市场空间广阔，我们正在协同推进新型工业化、信息化、城镇化、农业现代化，既能扩大市场容量，又能大幅提高经济增长质量和效益，也有利于化解各种"成长的烦恼"。尤其是我国城乡之间、区域之间差距较大，稳增长仍有很大回旋余地，经济更多依赖国内消费需求拉动，避免依赖出口的外部风险。特别是党的十八届三中全会以来，我们着力向改革要动力，向结构调整要动力，向民生改善要动力，向技术创新要动力，各方面改革有序有力推进。从2014 年第一季度来看，我国经济运行保持了稳中有进、稳中向好的态势，向着宏观调控的预期方向发展。

第三，从经济结构上看，新常态下的中国经济结构优化升级，发展前景更加稳定。近两年来，我国不断加大经济结构调整力度，致力

---

① 习近平：《谋求持久发展，共筑亚太梦想——在亚太经合组织工商领导人峰会开幕式上的演讲》，《人民日报》2014 年 11 月 10 日。

于推进经济提质增效。2014 年前三个季度，我国最终消费对经济增长的贡献率为 48.5%，超过投资；服务业增加值占比 46.7%，继续超过第二产业；高新技术产业和装备制造业增速分别为 12.3% 和 11.1%，明显高于工业平均增速；单位国内生产总值能耗下降 4.6%。这些数据显示，我国经济结构正在发生深刻变化，质量更好、结构更优。

由此，我们可以充满自信地说，我国经济步入新常态，不是"熄火"，而是"换挡"。我国经济完全有条件、有能力保持较长时期的中高速增长。这不是一句空话，而是有着坚实的基础。面对新常态，我们要增强信心，抢抓机遇，既要看到我国经济出现的可喜变化，又要看到我国经济发展面临的中长期优势，从而不断增强经济保持中高速发展的信心。

四、坚持发展，主动作为

习近平总书记不仅提出了在战略上应对新常态应有的战略心态和思维，而且在战术层面上也提出了适应新常态的具体要求，即要清醒地认识到，"新常态也伴随着新矛盾新问题，一些潜在风险渐渐浮出水面"[1]。对此，我们要直面问题，尤其是要看到经济运行面临着一些困难，特别是出现了一些可能引发经济下行和风险增大的边际变化，积极应对，主动作为。

习近平总书记提出："能不能适应新常态，关键在于全面深化改革的力度。"[2] 适应新常态，一方面，要稳打稳扎，步步为营，巩固稳中向好的发展态势，促进经济社会大局稳定，为全面深化改革创造条

---

[1] 习近平：《谋求持久发展，共筑亚太梦想——在亚太经合组织工商领导人峰会开幕式上的演讲》，《人民日报》2014 年 11 月 10 日。

[2] 习近平：《谋求持久发展，共筑亚太梦想——在亚太经合组织工商领导人峰会开幕式上的演讲》，《人民日报》2014 年 11 月 10 日。

件。另一方面，要积极推动全面深化改革，坚持问题导向，勇于突破创新，以改革促发展、促转方式调结构、促民生改善。

首先，向深化改革要动力。深化改革是适应新常态的根本途径。2013年9月，习近平总书记在中共中央召开的党外人士座谈会上指出：全面深化改革要有强烈的问题意识，以重大问题为导向，抓住重大问题、关键问题，进一步研究思考，找出答案，着力推动解决我国发展面临的一系列突出矛盾和问题。要加快推进改革，通过全面深化改革来补政府职能转变不到位、市场体系不完善、企业改革不彻底等体制机制的"短板"。改革要坚持问题导向，从制约经济发展的突出领域入手，围绕适应新常态、培育新方式深化展开，形成改革和发展的良性互动，把该放的权放到位，该营造的环境营造好，该制定的规则制定好，最大限度激发市场蕴藏的活力。

其次，向创新调控要助力。在宏观调控上，要创新宏观调控思路和方式。坚持宏观政策要稳、微观政策要活、社会政策要托底的总体思路，保持宏观经济政策连续性和稳定性，继续实施积极的财政政策和稳健的货币政策，积极的财政政策要有力度，货币政策要更加注重松紧适度，保持稳增长和调结构之间的平衡，促进"三驾马车"更均衡地拉动增长。坚持结构性调控，坚持区间调控，坚守保增长的底线，将转方式、调结构、防风险放在更加突出位置，切实把工作的着力点放到转方式调结构上来。不搞强刺激，不踩"大油门"。坚持定向调控，抓住经济结构中的关键领域和薄弱环节，定向发力，不搞"头痛医头、脚痛医脚"。坚持统筹调控，统筹稳增长、促改革、调结构、惠民生、防风险，通盘考虑应对经济下行压力与促进经济提质增效，使调控效力更持久。

最后，向改善民生要潜力。改善民生是经济发展的目的，也是推进新常态发展的巨大潜力。有初步测算表明，到2020年，我国城乡居民名义消费总量规模有望达到 45 万亿元；加上相关的投资需求，2020 年内需规模有可能接近百万亿元。经济新常态下，要继续按照守住底线、突出重点、完善制度、引导舆论的思路，统筹教育、就业、收入分配、社会保障、医药卫生、住房、食品安全、安全生产等方面，切实做好改善民生各项工作。要通过抓重点、抓实在、抓持久，实现经济发展和民生改善良性循环，切实增强内需对经济增长的拉动力。

第三节　高度重视和防范各种风险

习近平总书记指出：新常态下，"在战术上要高度重视和防范各种风险，早作谋划，未雨绸缪，及时采取应对措施，尽可能减少其负面影响"。[①] 在经济增速放缓的背景下，财政收入和企业利润增幅回落，产能过剩行业、地方融资平台、房地产和金融领域的潜在风险就会"水落石出"，各种矛盾和风险挑战将明显增多。我们要适应新常态、主动有为，要对新常态阶段各种潜在的经济社会风险保持清醒的认识，更好地发挥底线思维的科学预见作用，增强忧患意识和风险意识，未雨绸缪，建立健全化解各类风险的体制机制，积极应对经济社会可能出现的各种风险挑战。

一、善于运用底线思维

习近平总书记指出，要善于运用底线思维的方法，凡事从坏处准备，努力争取最好的结果，做到有备无患、遇事不慌，牢牢把握主动权。坚持底线思维，是我们应对当前错综复杂形势的科学方法，更是

---

① 《深化改革发挥优势创新思路统筹兼顾，确保经济持续健康发展社会和谐稳定》，《人民日报》2014 年 5 月 11 日。

适应经济新常态的治理理念。运用好底线思维应当坚持"有所守"和"有所为"的有机统一。

一是底线思维要求"有所守"，即对于各类风险挑战要从最坏处做准备，守住底线。中华民族伟大复兴的中国梦离我们越近，我们的事业越前进、越发展，遇到的新情况、新问题就会越多，面临的风险和挑战就会越大。在这种情况下就需要我们认清目前所处的国内外、经济社会整体环境，运用底线思维这一科学方法认真评估决策处事的风险，估算可能出现的最坏情况，从而处变不惊、守住最后防线。这里的底线内涵丰富，既包括稳增长、促就业"下限"和防通胀"上限"的经济发展底线，也包括保基本、兜底线、促公平的民生保障底线，还包括土地红线、生态红线、城市开发边界等资源环境底线。这些底线是我们想问题、办事情、做决策、谋发展必须遵循的重要准则，违背、破坏这些原则必将对我们的经济社会造成灾难性伤害，因而必须坚决守住、毫不动摇。

二是底线思维要求"有所为"，即在守住底线的基础上，立足当前谋求长远，努力争取最好的结果。严格地说，"新常态"应该是一个相对稳定的状态，而目前我国经济还未真正步入稳定、可持续发展的轨道，实际上处于向新常态过渡过程中。所以，现在所讲的"新常态"还处于相对脆弱的初级阶段，需要我们多方谋划、科学应对。另外，我们要全面建成小康社会、实现中华民族伟大复兴中国梦，靠"守"是守不来的，还需要我们牢牢把握战略机遇期，增强信心，主动作为，从底线出发，不断逼近顶线，让改革"蹄疾而步稳"，让发展更上一层楼。

二、注意防控经济风险

发展是我们解决所有问题的关键，只有经济始终保持健康平稳发展，社会才能长治久安，我们才有精力、有能力去解决发展中遇到的各类问题。因此，重视和防范各类风险，就要高度关注风险发生发展趋势，按照严格增量、区别对待、分类施策、逐步化解的原则，有序加以化解。

一是保持经济大局基本稳定，防控系统性风险。在国内外经济发展条件发生明显变化、我国经济增速显著放缓的情况下，要保持经济大局基本稳定，一方面要科学区分周期性因素和结构性因素及其对经济增速的不同影响，对于周期性因素我们采取一些短期的、临时性措施即可应对，而结构性因素则需要我们进一步推动经济结构转型升级，才能带来经济的健康持久发展；另一方面要坚持"底线管理、区间调控"，既不盲目草率实施强刺激的经济计划，也不消极保守坐视经济发展失衡衰败，而是根据经济发展潜力和当前实际，科学确定经济运行的合理区间，既守住稳增长、促就业的"下限"，也把握好防通胀的"上线"，从而始终使经济运行处于合理区间、宏观经济政策保持基本稳定，从而为转变发展方式、调整经济结构、推动改革创新以及打造中国经济升级版提供一个良好的经济环境。

二是关注重点行业关键领域，预防局部风险的爆发。我国经济有巨大韧性、潜力和回旋余地，中央和各地方采取的措施既利当前、更惠长远，有能力防范经济出现大的起伏，因此我国经济爆发系统性风险、出现"硬着陆"的可能性极小。但我国各行业、各领域发展阶段、发展情况不一，对风险的防范意识、抵御能力不一，在某些特殊情况下个别行业、个别领域出现局部风险的可能性依然存在，对此我们必须保持高度的警惕，既要防范特定行业领域的局部风险，更要注意防范局部风险通过传导机制演变为系统性风险，殃及经济发展大局。我国经济运行过程中的局部风险主要集中在四个方面，即流动性风险、房地产泡沫、地方政府债务和产能过剩问题，这四个方面不是四个孤立的领域，而是通过影子银行、土地、地方融资平台、国有企业等媒介相互传导、相互影响，对我国短期调控政策工具选择、中长期的结构调整乃至全面深化改革全局的影响不容小觑，需要我们高度重视、妥善处理。

三、科学应对社会风险

任何国家在一定发展阶段中，都会面临众多的社会风险，从世界范围来看，这是一个普遍规律，但由于各国历史文化传统不同、所处的经济社会发展阶段各异，面临的社会风险的类型、特征等也不尽相同，要科学应对社会风险，就要对我国现阶段面临的社会风险有一个较为清晰、全面的认识。

第一，我国目前正处于社会风险高发期。从国际经验看，我国正处于中高等收入阶段，这一阶段从世界各国的发展历程看也是各类社会矛盾、社会风险集中爆发的阶段，"中等收入陷阱"本身就含有社会风险高发的意味。从我国实际情况看，许多被经济高速增长长期掩盖的问题由于经济增速放缓而逐渐暴露出来。结构调整意味着利益格局的深度调整，各种利益相关者之间的博弈、角力愈演愈烈，特别是在信息化、自媒体正在对社会产生深刻影响的大背景下，即便一些个别的矛盾冲突甚至不满情绪都极易被无限放大，成为社会关注的焦点问题，甚至被夸大成社会的普遍矛盾，这些矛盾、风险蕴藏着难以预料的破坏力，如果不能得到及时、稳妥的处理，可能会给正常的经济秩序乃至社会和谐稳定带来严重冲击。因此有学者认为中国正步入"风险社会"，各类社会风险值得我们认真关注。

第二，我国的社会风险主要源于各种利益诉求引发的社会矛盾。与西方发达国家面临的环境生态、种族问题等长期存在、难以解决的社会风险不同，我国的社会风险最突出的表现是突发事件，目前我国正在经历空前的巨大变革，这种巨大变革在给我国经济社会发展进步带来巨大活力的同时，也导致各种矛盾、冲突不断累积，并最终以突发事件的形式集中爆发出来。突发事件种类繁多、性质复杂、持续时间长、影响范围大，易对经济发展、公共秩序乃至公民生命、财产安全造成深度伤害。近年来突发事件爆发频仍，归根到底是因为在经济转型、社会转型过程中，各种不平衡、不协调、不可持续的问题长期未得到妥善解决，以致矛盾积累并最终爆发出来。我们要利用好战略机遇期、适应经济新常态，就要对人民群众的发展呼声和保障需求进行积极的回应，切实做到发展为了人民、发展成果由人民共享。

四、切实增强忧患意识

"为之于未有，治之于未乱"，对于我国现阶段经济社会发展中遇到的各种艰难险阻，我们一方面要坚持道路自信、理论自信、制度自信，相信党领导人民有信心也有能力攻坚克难、再创辉煌；另一方面也要常怀忧患意识，对经济社会发展过程中可能遇到的各种问题、挑战进行科学预判，未雨绸缪、提早应对，切实做到有备无患、遇事不慌。

第一，保就业依然是我国经济工作的重中之重。我国劳动力市场正在经历深刻变化，人口老龄化趋势业已成为影响我国经济中长期发展的一个重要因素。从 2012 年开始，我国 16—60 周岁以下的劳动年龄人口已经开始下降，劳动力供给相对宽裕的局面不复存在，劳动力成本刚性上升；城镇化快速发展，"三个一亿"[①] 人中有 2 亿属于人口由农村向城镇转移，另外 1 亿人所处的城中村、棚户区中也有大量失

---

① "三个一亿"具体是指"促进一亿农业转移人口落户城镇，改造约一亿人居住的城镇棚户区和城中村，引导约一亿人在中西部地区就近城镇化"。

业人口、甚至"零就业家庭"；我国每年有超过 700 万的高校毕业生，这些都需要巨量的工作岗位的支撑；另外我国劳动者职业技能整体水平有待提高。人口红利的相对削减与巨量的就业需求并存、摩擦性失业和结构性失业并存，我国整体就业形势依然严峻，我们对于就业这一"民生之本"仍要常抓不懈。

第二，资源生态环境逐渐成为硬约束。雾霾问题已经成为影响经济发展、居民生活的一个"大事件"，它既是资源生态环境约束的一个突出体现，也是公众要求优化生态、改善环境呼声的集中反映。不断爆发的江河、地下水污染问题，土地荒漠化、盐碱化、酸化、重金属污染等问题不仅影响经济可持续发展，更严重威胁居民的生命安全。此外，我国还加入了《联合国气候变化框架公约》《京都议定书》等国际公约，并作出了到 2020 年单位 GDP 排放比 2005 年下降40%—45%的庄严承诺。我国的生态、资源和环境问题已成为国内外普遍关注的焦点问题，妥善处理好资源生态环境问题关系国际形象、经济发展，更关乎民生根本。

第三，保障国家粮食安全。国家粮食安全具有全局性和普遍性，粮食主产区、产销平衡区、主销区的生产、加工、流通、储备等粮食产业发展状况构成了国家粮食安全的重要基础。要坚持和完善"米袋子"省长负责制，从严保护耕地和基本农田、稳定发展粮食生产，切实落实地方粮食储备任务。粮食主产区要重点加强粮食核心产区和后备产区建设，不断提高综合生产能力；产销平衡区和主销区要着力加强产粮大县建设，确保区域内粮田面积不减少、粮食自给水平不下降。中央和省级政府还要强化扶持粮食生产的政策措施，加大对粮食加工、流通、储运等产业发展扶持力度，充分调动农民种粮、地方抓粮的积极性，形成粮食增产、农民增收、财力增强相协调的良好发展局面。

第四节 保持合理的经济发展速度

党的十八大以来，以习近平为总书记的党中央，站在时代发展的高度，立足国家发展全局，坚持发展是解决中国所有问题的关键这个重大判断，坚持以经济建设为中心施政布局，坚定地推进经济稳中向好发展。2014年5月，习近平总书记在河南考察时强调，我国经济发展要适应"新常态"。我们理解，"新常态"是我国经济增长从高速进入中高速阶段的从容状态，它揭示了我国经济发展阶段的新变化、新特点，强调经济发展既不能片面追求过去那种粗放的高增长，但也要保持合理发展速度防止经济惯性下滑。这种辩证思想对指导我国经济发展的前进方向至关重要。

一、经济发展是一切发展的基础

发展是社会进步的综合概念，包括诸多方面，但是，社会发展的各个方面并不是平行并列的，其中经济发展处于基础和决定地位。2014年7月29日，习近平总书记在与党外人士座谈时指出，实现"两个一百年"奋斗目标、实现中华民族伟大复兴的中国梦，必须坚持以经济建设为中心，坚定不移推动经济持续健康发展。这是习近平总书记对坚持以经济建设为中心的又一次重要阐释。作为拥有13亿人口的发展中大国，我国的基本国情是发展不足、发展不够，发展好经济始终是解决中国问题的关键。

第一，对发展这一问题的认识不断深化。马克思主义最重视发展生产力，认为物质生产是人类社会生存和发展的基础，生产力是人类社会发展的最终决定力量。任何社会的发展进步，都要受经济发展水平的制约。改革开放以来，我们党对国家发展问题十分重视。邓小平同志指出，中国解决一切问题的关键，是要靠自己发展，发展是硬道理。三十多年来，中国特色社会主义不断发展，中国共产党对发展这一问题的认识也一步步走向深化。从发展是硬道理，到发展是党执政兴国第一要务，到发展是科学发展观的第一要义，再到发展必须是遵循经济规律的科学发展、必须是遵循自然规律的可持续发展、必须是遵循社会规律的包容性发展，发展的思想被不断地赋予新的时代内涵。

第二，以经济建设为中心是中国发展的基本经验。改革开放以来，我国发展取得举世瞩目的成就，成为世界第二大经济体，为全面建成小康社会打下了坚实的基础。社会生产力、经济实力、科技实力迈上了新台阶；人民生活水平、居民收入水平、社会保障水平有了大幅度提高；综合国力、国际竞争力、国际影响力明显增强，已经成为一个真正意义的经济大国。正是有了这样的发展，我们巩固了社会主义制度，发展了中国特色社会主义，成为世界和平发展的重要力量。这些成绩的取得，根本的一条就是靠坚定不移地把党和国家的中心任务放到经济建设上，推动社会生产力以前所未有的速度发展起来。经济发展是最大的民意、是最大的共识、是最基本的经验。

第三，向经济强国迈进需要经济发展再上新台阶。我们虽然已经是经济大国，但还不是经济强国。国家富强、人民富裕，说到底是经济实力问题。国际竞争，说到底也是经济实力的竞争。任何国家要跟上时代潮流，在激烈的国际竞争中立于不败之地，都必须高度重视经济发展。我国人均国民生产总值远低于世界平均水平，仅是世界平均水平的65％左右。到2020年全面建成小康社会，首要目标就是要实现国内生产总值和城乡居民人均收入比2010年翻一番。跨越"中等收入陷阱"，工业化、城镇化、信息化、农业现代化协调发展的任务还很重，可以说，实现中国梦，加快从经济大国走向经济强国，这一切都要求我们必须把经济发展放到重要位置上。

第四，"新常态"下还是要紧紧扭住经济发展不放。新常态就是不同以往的、相对稳定的经济状态，意味着我国经济已进入一个与过去高速增长不同的中高速新阶段。我们理解，"新常态"经济发展将更加平稳，质量将进一步提升。"新常态"不是过去那种粗放的大干快上，而是有质量、有效益、可持续的发展。"新常态"不是不要发展速度，而是要有合理的发展速度，经济增长要保持在合理区间。我们要清醒看到，当前我国发展存在不少困难和问题，这些困难和问题也只有在经济发展中才能解决。现在有些地方干部认为中央提出不唯GDP，就可以不要GDP了，这也是一种片面认识。还有些区域GDP下滑很多，离经济增长合理区间有较大距离。中国这么大的经济体一旦形成惯性下滑，要恢复正常水平将非常困难，甚至会付出巨大的代价。发展是解决我国所有问题的基础，对此我们不能有丝毫的动摇，"新常态"下更是如此。

二、符合三个规律的经济发展速度才是合理的

2014年7月29日，中央政治局会议提出，发展必须是遵循经济规律的科学发展、必须是遵循自然规律的可持续发展、必须是遵循社会规律的包容性发展，这是"新常态"下我国经济发展必须遵循的三个规律。认识和处理好这三个规律，对于正确看待发展速度，推进经济发展具有重要意义。

第一，发展必须是遵循经济规律的科学发展。遵循经济规律、推动经济持续健康发展，是国家繁荣、社会稳定、人民幸福的重要基础。一是要完善由市场决定价格的机制。党的十八届三中全会提出，必须积极稳妥地从广度和深度上推进市场化改革，大幅度减少政府对资源的直接配置，推动资源配置依据市场规则、市场价格、市场竞争，实现效益最大化和效率最大化。现在政府改革的一个重点是不断

缩减政府定价范围，扩大市场定价范围，凡是能由市场形成价格的都交给市场，政府不进行不当干预。2014 年上半年，国家就先后放开、调整了十余项商品与服务的价格，水、石油、天然气、电力、交通、电信等重要领域的价格改革正有序推进，铁路货运、非公医院、银行利率等价格改革有大的进展，这是重视经济规律的表现。恰当的价格调节机制，正在为实现经济的高效益、高质量运转助力。二是维护市场公平竞争环境。优胜劣汰、适者生存，经济活力的迸发有赖于公平有序的竞争环境。政府的职责和作用主要是保持宏观经济稳定，加强和优化公共服务，保障公平竞争，加强市场监管，弥补市场失灵。2012 年以来政府将供给管理与需求管理有效结合，推动财政结构性减税，特别注重对中小微企业的减税支持，定向下调服务于"三农"的商业银行的准备金率，从供给端助推经济发展。在不同所有制经济之间鼓励相互进入，国企混合所有制改革加速，原本挡在民资面前的隐形门正被逐渐推开。

第二，发展必须是遵循自然规律的可持续发展。从传统的工业文明向生态文明转型，具体来讲，就是要遵循自然规律，把生态文明建设融入经济发展之中去。人类经济活动与自然的相互关系主要体现在两个方面：一是，人类从自然索取资源、空间、生态服务；二是，资源、环境制约着人类的生存发展。在这样的作用和反作用下，人类逐渐认识到自己在自然界最大的自由就是在自然规律允许范围内作出最有利的选择。党的十八大以来，习近平总书记对生态文明建设特别重视，发表了很多讲话。2014 年 3 月，全国"两会"期间，习近平总书记在参加贵州代表团审议政府工作报告时指出，正确处理好生态环境保护和发展的关系，是实现可持续发展的内在要求，也是推进现代化建设的重大原则。绿水青山和金山银山决不是对立的，关键在人，关键在思路。保护生态环境就是保护生产力，改善生态环境就是发展生产力。这揭示了一个朴素而又深刻的道理——生态环境也是生产力。应该说，一些发达国家和地区已经做到了保持经济发展与生态保护并行不悖。现在世界上生态环境好的国家，许多是工业化、城镇化水平高的国家。我们要认真学习借鉴发达国家和地区的先进经验，认真总结自己的成功做法，找准发展路径，努力实现加快发展与保护生态互动双赢。

第三，发展必须是遵循社会规律的包容性发展。包容性发展相比于单纯追求经济增长，更多地强调"人"的发展，注意对"人"的积极性的提高，更好地平衡社会利益，调节社会关系，规范社会行为，使社会成员普遍共享改革开放的成果。一是包容性发展更注重利益的平衡。改革开放三十多年来，我们每前进一步，都牵涉利益格局的调整。改革发展既要破除利益固化的藩篱，又要充分运用利益驱动这个标杆。当前，考虑发展，确立改革目标、制定改革方案、选择改革路径，不仅需要考虑经济效益，还要考虑社会公平、社会和谐、社会稳定，协调各种利益关系，使改革获得多数人的拥护，这就是包容性发展。包容性发展还有赖于重视改善民生，兜住民生底线，保障人民的基本需求。二是包容性发展更注重社会的稳定。改革的攻坚期、深水区，就不能没有阵痛，不能没有风险。关键是要找准社会可承受能力与不可承受能力之间的度。没有社会的稳定，什么也干不成。改革与稳定，看似矛盾，其实并不矛盾，关键看怎样进行改革。应当说，包容性发展观在推进国家建设上大有用武之地。三是包容性发展有利于发展空间的增加。改革发展需要有一定的施展空间和回旋空间，这种成长空间，是多方面的。在发展仍然是解决我国所有问题的关键的情况下，全面深化改革必须有赖于保持合理的经济增长速度。没有这个基本条件，各方面关系特别是经济关系绷得过紧的，没有回旋余地，那是不利于健康推进改革的。

三、如何保持合理的经济发展速度

要保持合理的经济发展速度需要高度重视四个方面问题。

第一，坚持区间管理，注重定向调控。2013年年初，经济下行压力加大，中央出台新的调控思路和方式，确定了经济运行的合理区间。下限是保增长、保就业，经济增长、就业增加不能低于一定幅度；上限是防通胀，物价上涨不能高于一定幅度。此举增强了市场信心，2013年下半年经济回稳向好。2014年以来，受世界经济波动和我国经济固有矛盾的影响，上半年我国经济增速为7.4%，稳定于年初制定的7.5%的合理区间。但受多方面因素的影响，各个省区市经济下行压力较大，总的特征是：东部缓中趋稳，中部稳中有进，西部稳中有忧，东北降幅较大。面对这种情况，中央创新了宏观调控的思路和方式，不搞强刺激、大调整，而是适时预调微调，更加注重定向调控，增强调控的针对性。用李克强总理的话讲，就是不搞"大水漫灌"，而是进行"喷灌""滴灌"。定向调控是区间调控的重要组成部分，是区间调控的深化，也是宏观调控方式的创新。实施定向调控，就是要抓住经济社会发展的关键领域和薄弱环节，精准发力、定向施策，更多依靠市场力量，更多运用改革办法，既稳增长，又调结构，既利当前，更惠长远。

第二，大力度推进简政放权，激发市场和社会活力。2013年以来，国务院和地方政府保持简政放权力度不放松，继续取消和下放了一批行政审批事项，全面清理非行政许可审批，并制定出负面清单、责任清单、权力清单等。"一石激起千层浪"，简政放权已经取得明显效果，激发了市场活力和经济发展的内生动力。以全面推进工商登记制度改革为例，由于企业由"先证后照"改为"先照后证"、注册资本由"实缴登记制"改为"认缴登记制"、"年检制"改为"年报公示制"，市场的经营和投资创业环境更加宽松便利，社会新注册企业数量大幅度增加。下一步要继续取消一些不必要的审批，完善事中事后监管，使制度更为公开透明，给权力涂上防腐剂，营造更加宽松便利、公平公正的环境，激励更多人去创业创造，让松绑的企业在市场上充分竞争，增强发展内生动力。

第三，加大公共投资，弥补经济社会发展的"短板"。稳增长有效的手段仍然是投资，特别是公共领域的投资，能够起到补"短板"的作用，从而为经济增长提供持久动力。2014年上半年，经济发展能在合理区间运行，投资无疑是最重要的抓手。这次政治局会议在部署下半年经济工作时，明确提出积极扩大有效投资，发挥好投资的关键作用。稳增长增加投资是非常必要的，关键是要把握好投资方向。应当增加调结构的投资，投向符合结构调整和产业升级的方向，公共服务投资就具有这样的属性。我国公共产品供给总体上看仍然是发展的"短板"。铁路、公路、水利等有许多属于公共产品，目前还比较薄弱。比如铁路，不仅中西部地区缺乏，东部地区也不完善。机场、公路等交通设施，发达国家的网络密度比我们要高得多，而他们的人口密度比我们要小得多。在涉及教育、医疗、社会保障等重大国计民生方面的公共设施投入方面也存在着明显不足的问题。因此，在未来较长一段时间里，加强这些领域基础设施、人力资本、社会保障等方面的公共投入有利于经济增长。

第四，向结构调整要助力，推动经济转型升级。国际金融危机以来，世界经济进入新一轮调整期，全球经济在大调整大变革中，对我国经济转型升级形成巨大的压力。我们只有主动适应外部变化，加速转变经济发展方式，才能在新一轮国际竞争中抢得优势。对于结构调整，要有扶有控、有保有压。落后产能要淘汰，过剩产能要消化，都要靠改革来推进。对基础薄弱的产业要加强，服务业比重要提高。要创造条件，让核电、高铁等更多装备走出去，努力消化过剩但并不落后的产能。调结构的根本出路在于创新，现在我们比历史上任何时期都更加需要充分发挥科学技术的支撑引领作用。通过科技进步，加快从要素驱动、投资驱动向创新驱动发展转变，推动经济结构战略性调整，从中低端水平向中高端水平迈进。通过创新解决制约发展的资源能源、生态环境等瓶颈问题，推动经济有质量、有效益、可持续的发展。在区域发展上，要创新区域政策，缩小政策单元，不断提高区域政策的精准性、有效性。加快京津冀、长三角、珠三角协同发展，促进东部地区产业创新升级和生产性服务业发展，推动劳动密集型产业和加工组装产能向中西部转移。加快"一带一路"和长江经济带建设，发展特色优势产业。总的来看，要推动东部地区实现更高层次的开放发展，稳定发挥东部地区拉动经济增长的重要引擎作用。采取更有针对性的政策措施，进一步激发发展活力，努力扭转东北地区经济下滑趋势。落实促进中西部地区发展的相关政策措施，保持中西部地区经济平稳较快增长。

第五节　实现实实在在和没有水分的增长

中共中央 2012 年 11 月 30 日在中南海召开党外人士座谈会，就经济形势和 2013 年经济工作听取各民主党派中央、全国工商联领导人和无党派人士意见和建议。习近平总书记主持座谈会并发表重要讲话。他指出，增长必须是实实在在和没有水分的增长，是有效益、有质量、可持续的增长。当前，我国经济正在逐步进入经济增长的"从容状态"与"理性状态"。总书记赋予了经济增长这个硬道理全新的内涵，增长的内核正在升级和演变。

一、何为实实在在和没有水分的增长

新常态下的经济增长必须是"实实在在""没有水分"的增长，这一重要论断至少应当包含三层含义：

第一，实实在在和没有水分的增长是有效益、有质量、可持续的增长。有效益的增长就是"要提高资源尤其是稀缺资源的配置效率，以尽可能少的资源投入生产出尽可能多的产品、获得尽可能大的效益"；是社会劳动生产率提高、企业效益增强、投资效益上升等基础上的增长，是靠科技进步支撑的增长。

第二，实实在在和没有水分的增长是保持合理速度的增长。我国仍是一个发展中国家，还处于社会主义初级阶段，发展是解决我国所有问题的关键。增长是发展的前提和基础，没有一定的增长速度，就业问题就无法保障，人民生活水平就难以提高，因此，在改革的攻坚期、深水区，我们要破解发展难题、突破发展瓶颈、化解发展挑战，保持一定的增长速度是必要的。

第三，实实在在和没有水分的增长是实事求是、尊重经济规律的增长。我们作决策、办事情、谋发展，都要认识规律、遵循规律。要避免犯脱离实际、超越阶段而急于求成、急躁冒进的错误，真正做到既尽力而为又量力而行，推动经济社会又好又快发展。通过不断对"增长"内涵进行反思，实现有效益、有质量、可持续的增长，为增长"脱水"，是对经济发展的改善，也是民心所向。

二、为何会有经济增长的水分

我国经济快速增长的同时也付出了巨大的代价：效益低下、结构失衡、产能过剩、环境污染等便是其中最显著者。在原有的外需拉动、人口红利等增长动力快速减退的形势下，倒逼着我国经济逐步转换增长动力，着力打造"中国质量"，真正实现增长速度"下台阶"，增长质量"上台阶"。

第一，唯GDP导向的增长。有些领导干部"只强调'发展是第一要义'，有的甚至把'发展是第一要义'同'以人为本''全面协调可持续''统筹兼顾'的要求割裂开来；还有的把'发展是硬道理'片面理解为'经济增长是硬道理'，把经济社会发展简单地归结为GDP决定一切"。结果是为了GDP数字的增长不讲成本、不讲质量、不讲效益，甚至造成质量和效益下降。

第二，经济增长方式的痼疾。长期以来我国经济增长主要依靠投资来拉动，但是随着投资规模的扩大，投资效益开始下降，为经济增长注入了水分。而且，投资也造成了地区间的重复建设和产能过剩等问题，虽然也能拉动增长、增加就业，但无法为社会留存良性财富，这种增长也是有水分的增长。高投入、高消耗、高污染、低产出的规模速度型粗放增长方式不是可持续的增长，不仅造成了资源的极大浪费，也造成了严重的环境污染，从长远来看，这种增长不仅仅是有水分的增长，也是有害的增长。

第三，政绩考核机制的偏向。政绩考核机制是"指挥棒"和"风向标"，它指挥、引导着地方领导的思考与行为方式。在增长至上的评价体系指引下，经济增长成为最重要的评价指标。如果政绩考核制度不适应科学发展的要求，过度重视GDP的增长率，其结果是违背科学发展的现象时有发生，从而难免出现以牺牲环境为代价换取经济增长速度、政府和市场的手错位、"盲目铺摊子、上项目""新官不理旧账"等突出问题。

三、如何实现实实在在和没有水分的增长

实实在在和没有水分的增长是总书记对发展观的深刻反思，是对

我们今后工作的指引。新常态经济下，实现实实在在和没有水分的增长，应当在改进考核手段、提高经济质量和效益、推进绿色和可持续发展、更加注重保障和改善民生等方面发力。

第一，改进考核手段，不再简单地以 GDP 论英雄，要树立为人民谋利益的政绩观。"树政绩的根本途径是将人民群众的眼前利益和长远利益结合起来，尊重客观规律，按客观规律办事，脚踏实地地工作；树政绩的根本目的是为人民谋利益"。纠正单纯以经济增长速度评定政绩的偏向，"我们不再简单以国内生产总值增长率论英雄""各地的实际情况不同，衡量政绩的要求和侧重点也应有所不同。要看GDP，但不能唯 GDP""既要 GDP，又要绿色 GDP"。

第二，要以提高经济发展质量和效益为中心，主动适应经济发展新常态，加快转向质量效益型集约增长。要以提高经济发展的质量和效益为中心，实实在在和没有水分的增长是增强经济增长的内生活力和动力的本质要求，关键是要把推动发展的立足点转到提高质量和效益上来，加快形成新的经济发展方式。要以提高经济增长质量和效益为中心，稳中求进，开拓创新。要在不断转变经济发展方式、不断优化经济结构中实现增长。

第三，推进绿色和可持续发展。紧紧围绕建设美丽中国，深化生态文明体制改革，加快建立生态文明制度，健全国土空间开发、资源节约利用、生态环境保护的体制机制，推动形成人与自然和谐发展的现代化建设新格局。抓紧研究大气污染防治行动计划，强化重点流域和地下水污染防治。完善自然资源监管体制，统一行使所有国土空间用途管制职责。要把国土空间作为生态文明建设的空间载体，要实施重大生态修复工程，增强生态产品的生产能力，要实行严格的制度和严密的法治。

第四，加强保障和改善民生工作，实现经济发展和民生改善良性循环。要使中国经济行稳致远，就必须实现实实在在和没有水分的增长，就需要推动提质、增效升级，以保障和改善民生为根本出发点和落脚点，更加注重保障基本民生，更加关注低收入群众生活，更加重视社会大局稳定。提高居民收入，让人民群众分享经济发展成果，既是经济发展的目的，也是经济发展的内在动力。积极推进社会领域制度创新，推进基本公共服务均等化。坚定不移走共同富裕的道路，深化收入分配制度改革。初次分配和再分配都要兼顾效率和公平，规范收入分配秩序，增加低收入者收入，调节过高收入。

第六节　推进经济结构的优化升级

习近平总书记指出："新常态下，中国经济结构优化升级，发展前景更加稳定。"[①] 经济结构的调整与优化是经济良性发展的内在体现，推进经济结构的战略性调整，是我国实现经济持续、稳定、健康发展的重要基础。从整体上看，我国经济结构正从增量扩能为主转向调整存量、做优增量并存的深度调整。推进经济结构的战略性调整，主要包括需求结构、产业结构、城乡结构、空间结构、收入分配结构五大结构的调整和优化。

一、需求结构

在需求结构方面，我国经济中的外需所占比重较高，但金融危机以来出现下降趋势。内需结构中投资占比相对较高，高投资对消费产生挤出效应，导致最终消费率对经济增长贡献程度与我国经济发展水

---

① 习近平：《谋求持久发展，共筑亚太梦想——在亚太经合组织工商领导人峰会开幕式上的演讲》，《人民日报》2014 年 11 月 10 日。

平严重不匹配。在长达 10 年的时间里消费增长率远低于投资增长率，但 2010 年消费率和投资率达到各占 50% 之后，消费率出现较快增长趋势，在经济结构中占比再次超过投资率（见图 3—1）。投资结构中政府投资占比较高，政府投资对民间投资产生挤出效应，同时投资效率低下，资源要素难以实现有效配置。

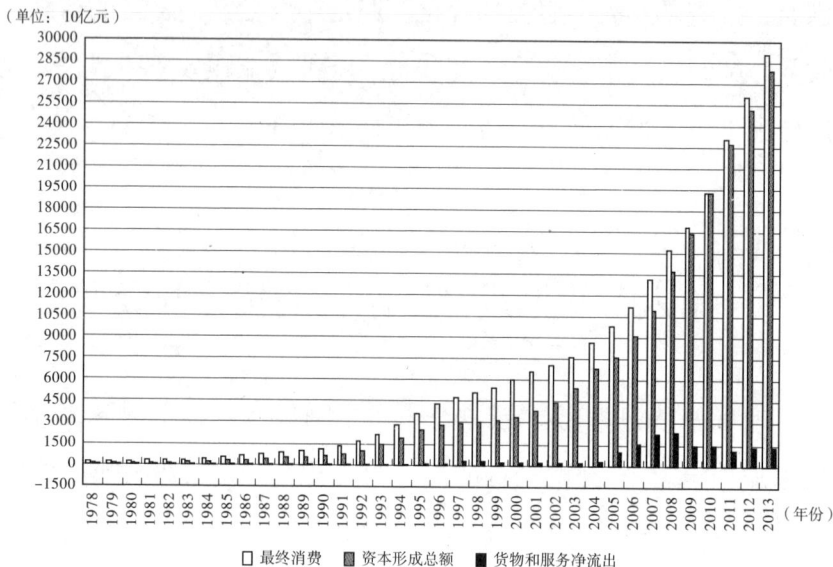

（单位：10亿元）

图 3—1　1978—2013 年用支出法核算的 GDP

最终消费　　资本形成总额　　货物和服务净流出

优化需求结构，既要调整内需与外需之间的结构，更要优化国内需求的结构，使"三驾马车"共同起作用，投资、消费、出口共同拉动经济增长。在调整内需与外需结构方面，世界经济衰退、生产要素成本上升带来的成本优势逐步削减都将迫使中国转向内需经济，特别是居民消费推动型经济增长。城镇化带来的内需市场将进一步扩大，也为中国经济向内转型提供了重要的发展基础。在优化国内需求结构方面，要更好地协调投资与消费的关系，提高消费在国内生产总值中的比重，同时要加强投资对消费的引导作用。从消费需求看，过去我国消费具有明显的模仿型排浪式特征，现在模仿型排浪式消费阶段基本结束，个性化、多样化消费渐成主流，保证产品质量安全，通过创新供给激活需求的重要性显著上升，必须采取正确的消费政策，释放消费潜力，使消费继续在推动经济发展中发挥基础作用。要提高消费占比，关键是要完善一系列配套制度，包括完善国民收入分配结构、提高居民收入水平和消费能力；完善社会保障体系、解决居民消费的后顾之忧；完善财政、税收和金融制度，提高居民消费意愿。从投资需求看，经历了三十多年高强度大规模开发建设后，传统产业相对饱和，但基础设施互联互通和一些新技术、新产品、新业态、新商业模式的投资机会大量涌现。对创新投融资方式提出了新要求，必须善于把握投资方向，消除投资障碍，使投资继续对经济发展发挥关键作用。同时，降低政府投资比重，提高民间投资比重，消除行政力量导致的不公平竞争给产业升级转型带来的不利影响。从出口和国际收支看，国际金融危机发生前国际市场空间扩张很快，出口成为拉动我国经济快速发展的重要动能，现在全球总需求不振，我国低成本比较优势也发生了转化，同时我国出口竞争优势依然存在，高水平引进来、大规模走出去正在同步发生，必须加紧培育新的比较优势，使出口继续对经济发展发挥支撑作用。

二、产业结构

在产业结构方面，我国的产业结构总体呈现出不断优化的局面，体现出产业重心由第一产业依次向第二、第三产业转移的趋势，第二、第三产业占比逐渐扩大（见图3—2），尤其是第三产业发展迅速，2013年第三产业占比首次超过第二产业，达到46.1%（见表3—1），特别是金融、保险、技术、信息产业等产业已具相当规模。与此同时，产业结构仍存在较大的调整空间，目前大部分发达国家第三产业占比均达到 70% 以上，高者超过 80%，比我国高出 20%—30%。而我国第二产业比重过大，伴随着出现的工业产品和产能严重过剩现象，钢铁、水泥、电解铝、玻璃、造船等行业产能利用率基本不超过 75%。

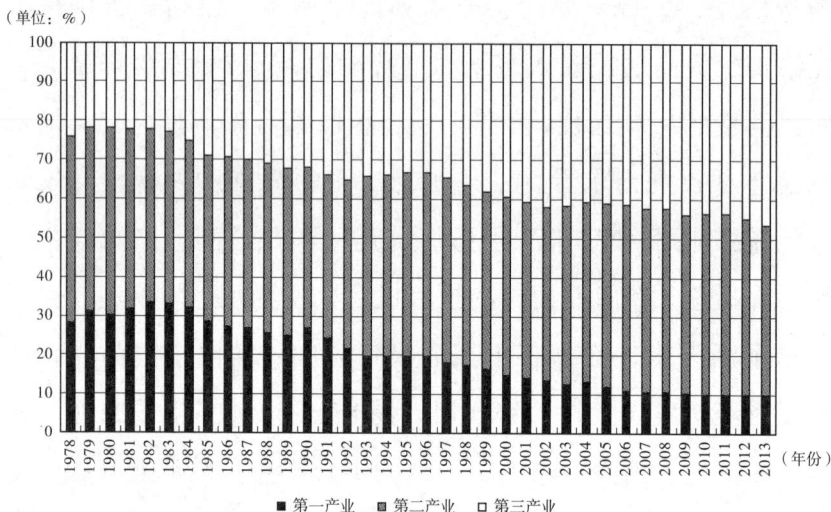

图 3—2　1978—2013 年我国产业结构变化示意图

表 3—1　2008—2013 年我国三次产业比重

（单位：%）

年　份	第一产业	第二产业	第三产业
2008	10.7	47.4	41.8
2009	10.3	46.2	43.4
2010	10.1	46.7	43.2
2011	10.0	46.6	43.4
2012	10.1	45.3	44.6
2013	10.0	43.9	46.1

　　优化产业结构，关键要在发挥第二产业优势、由"制造大国"向"制造强国"迈进的同时，更加注重提高第三产业所占的比重，统筹发展生产性服务业和生活性服务业，加快发展现代服务业。理论界的研究表明，我国正处于重化工业阶段的中后期，未来的趋势应逐步迈向高技术化阶段。要优化推进产业结构演进的基本决定因素，包括需

求结构的升级、资源供给结构的低碳化、技术进步和技术积累、参与国际分工的深度和广度等。企业兼并重组、生产相对集中不可避免，新兴产业、服务业、小微企业作用更加凸显、生产小型化、智能化、专业化将成为产业组织新特征，要善于综合运用主导产业的选择政策、新兴产业的扶植政策、衰退产业的撤让政策等，促进产业结构优化升级。

三、城乡结构

在城乡结构方面，我国呈现出城乡二元结构和城市内部二元结构并存的局面。城乡二元经济的产生与以重工业优先发展为特征的赶超型发展战略密切联系。以户籍制度为代表的城乡二元制度使我国城乡收入差距不断拉大，2013 年城镇居民家庭人均可支配收入为 26955.1 元，农村居民家庭人均纯收入为 8895.9 元，前者是后者的 3 倍。农村居民在消费、基础设施、社会保障、公共服务等诸多方面与城市居民都存在较大差距。随着城镇化进程的加快，农村空心化、老龄化、留守妇女儿童问题等现象愈加凸显。在城市内部，同样存在着明显的二元结构，城市内部二元结构是在城乡二元结构的基础上形成的，是市场化改革以来城乡二元结构在城市中的新形态。繁华的城市中心区与简陋的棚户区形成了明显反差，农民工群体成为既不是农民也不是市民的尴尬群体。

优化城乡结构首先要加快城乡统筹步伐，推进城乡一体化进程，加快户籍制度改革，尤其是要加强农村养老、医疗等基本社会保障，提高农村基本公共服务水平，降低农民预期未来所面临的支出的不确定性，建立失地农民基本生活保障制度。此外，可以通过调整农业结构、深化粮食流通体制改革、提高农业科技进步贡献率、继续引导农村劳动力合理有序流动等手段全面提高农民收入。破解城市内部二元结构，核心是要解决农业转移人口的市民化问题，逐步剥离附加在城市户籍制度之上的教育、就业、养老、医疗、住房、价格补贴等歧视性制度。加快棚户区改造也是破解城市内部二元结构的关键举措。

四、区域结构

在区域结构方面，区域发展不平衡现象明显，主要表现在沿海内地差异过大、东中西部差距加大。这种区域发展不平衡既有先天禀赋的因素，如地理条件、发展基础、历史文化等，也有后天的政策因素。在效率优先原则的指导下，我国改革开放初期采取了优先发展沿海地区的策略，发展和开放的政策明显向沿海地区倾斜，使得沿海地区得以迅速发展，也迅速地拉大了沿海与内地的经济发展差距。

优化区域结构，核心是要推动区域协调可持续发展。地区经济结构优化的衡量标准，一是各地区经济优势能否得到充分发挥，二是地区经济发展是否协调，区际收入差别是否在合理区间。要逐步消除地区经济发展的不平衡性，并不断由不平衡发展达到更高水平的平衡。加强区域之间经济分工协作，加强区域资源的合理有效配置，合理引导产业在区域间梯度转移，充分发挥市场机制对地区经济结构调整的作用，同时更好发挥产业政策、区域政策、财政政策和投融资政策在扶持落后地区发展中的作用。

五、收入分配结构

在收入分配结构方面，我国国民收入分配格局和居民收入分配格局均存在着较大的调整空间。在国民收入分配格局中，国民收入初次分配不合理，居民收入比重过低、政府和企业在 GDP 分配中的比重过高，尤其是政府占比过高，而政府和企业都更倾向于投资而非消费，导致经济无法引导到以居民消费为基础的内需经济增长模式上。

在居民收入分配内部，收入分配差距过大，主要体现在不同行业、层级、区域及城乡收入差距过大。我国基尼系数自 2000 年超过 0.4 的国际警戒线以来，一直居高不下，2008 年达到近年来的峰值 0.491，近五年虽略有下降，但仍保持在 0.45 以上的高位。

优化收入分配结构，首先要适当调整国民收入分配格局。提高居民收入占国民收入的比重，建立居民收入与经济发展同步增长机制，政府让利于民，真正实现从"国富民穷"向"藏富于民"和"国强民富"的转变，使人民真正享受到发展的成果。在生存需求已基本被满足的前提下，人民的需求层次逐步转向享受需求和精神需求，消费将在经济发展中占有更重要的地位，此时更需打破传统高积累、低消费的路径依赖，既要保证合理的生产力发展水平，又要保证人民的物质生活需求和精神文化需求的合理满足，带动产业升级，尤其是推动旅游、休闲、保健、教育、医疗、养老、文化等服务业的迅速发展。其次要着力缩小居民收入差距，实现收入分配的基本公平。从社会整体福利来看，既有总量的因素，也有公平的因素，国民收入总量越多，社会经济福利越高，收入分配越平均，社会经济福利也随之提高。提高居民收入分配的公平度，一方面可以通过累进税率、资本利得税、遗产税、房产税等手段，调节高收入者和低收入者之间的财富比例，实现财富的合理转移；另一方面可以进一步提高社会保障和公共服务水平，弥补收入差距过大对居民生活水平的实际影响。

第七节　建设生态文明的美丽中国

习近平总书记指出："生态环境保护是功在当代、利在千秋的事业。要清醒认识保护生态环境、治理环境污染的紧迫性和艰巨性，清醒认识加强生态文明建设的重要性和必要性，以对人民群众、对子孙后代高度负责的态度和责任，真正下决心把环境污染治理好、把生态环境建设好，努力走向社会主义生态文明新时代，为人民创造良好生产生活环境。"[①] 这既是对我国经济发展阶段的清醒认识和准确判断，也为新常态下将生态文明理念融入经济发展之中，做到经济发展与生态保护同时并重指明了方向。

一、生态文明理念是对我国传统经济发展方式的反思

生态文明是人与自然关系的进步状态，反映了人类进步与自然相互之间的和谐程度。生态文明的核心是人与自然的关系问题，其要义之一是人与自然和谐相处，之二是实现人类社会的可持续发展。生态文明的基本内涵是强调人与自然平等、和谐共处，主张绿色、节约、健康的生产方式和消费方式，追求人与自然和谐共进、生产力高度发达、人文全面发展、社会持续繁荣的理想境界。

从世界历史看，生态文明是工业文明的产物，是随着工业文明发展到后期，对资源、环境的负面作用有了明确的认识后所作出的反应与调整。在我国，生态文明的提出以及人们对此认识的深化，总体上也沿袭了这一历史路径，即对我国传统经济增长方式的反思而提出的。

一是资源约束趋紧。改革开放以来，我国经济快速增长，与此同时，各类资源的消耗量急速上升，已成为世界上最大的能源消耗国，给资源、环境、生态带来很大的压力。随着我国工业化、城镇化的进一步发展，未来各类资源的人均消费量都还要增加，资源环境对于经济社会的瓶颈制约作用日益明显，粮食安全、能源安全已

---

① 习近平：《习近平谈治国理政》，外文出版社 2014 年版，第 208 页。

成为当务之急。

二是环境污染严重。目前，我国环境形势严峻，对人民生产生活至关重要的水、土、气都不同程度地出现了问题。全国十大流域中的九个流域都受到了污染。土壤污染量大、面广、时间久、毒性大。大气污染日益严重，区域性雾霾频发。据《中国环境宏观战略研究报告》称，我国1.9亿人的饮用水有害物质含量超标；约三分之一的城市人口暴露在超标的空气环境中；各类环境群体性事件频繁发生。

三是生态系统显著退化。近年来，我国自然生态系统退化明显。水土流失面积占国土面积的37%；沙化土地占国土面积的18%；90%的草原出现不同程度退化。处于亚健康和不健康状态的海洋生态系统分别占52%和24%。生物多样性急剧减少，濒危或接近濒危的高等植物已达4000—5000种。地震、泥石流、洪涝等各类自然灾害频繁发生，给人民群众的生产生活带来很大的不利影响。

二、正确认识新常态下发展经济与生态文明之间的关系

我国出现的资源、生态、环境方面的严峻现实已警示我们，转变生产方式，处理好经济发展与环境保护之间的关系已刻不容缓。必须将生态文明的理念融入经济建设当中，融入政治建设、文化建设、社会建设的各个方面和全过程，确保资源基础受到保护，确保经济、社会的持续健康发展，确保中华民族的永续发展和长治久安。为此，需要重新认识、正确处理发展经济与生态文明之间的多重关系。

一是要重新认识人与大自然的关系。人类是大自然的一部分。在人类活动与大自然之间，存在着双重关系，一方面，人类通过自己的活动，从自然界获得维持生命、发展生命的各种资源，尽最大可能地改变自然、利用自然，并在这一进程中深刻地改变了自然面貌，促进了人类自身的进步与发展；另一方面，在既定的技术条件下，大自然

设定了可允许被开采、被利用的资源总量与环境容量。一旦超出这个界限，人类就会受到大自然的报复。因此，新常态下发展经济必须遵循自然规律，必须在自然规律允许范围内行动，必须认识到大自然本身既是极其富有和慷慨的，但同时又是极其脆弱和精细平衡的，自然界存在着不可逾越的界限。超过这个界限，自然系统的基本完整性就受到威胁，我国经济社会的生存和发展就失去了最根本的支撑。

二是要重新认识目的与手段的关系。改革开放三十多年以来，我国经济取得了巨大进步。但由于种种原因，经济发展到底是我们追求的目标，还是达到目标所需要的手段常常被混淆。近年来，我国生态环境方面的持续恶化给人民生活带来了巨大影响，国民"幸福感"有所下降。新常态下，必须明确认识到，发展经济增长本身并不是目的，满足人民群众日益增长的物质文化需要，提升全民幸福感才是党和政府的终极目标。必须重新认识、定位"目标"与"手段"的关系，坚定不移地将发展经济作为提升国民幸福指数的重要手段之一。必须牢牢将生态文明理念融入经济发展之中，满足广大人民群众对于蓝天、绿地、清洁水、干净空气等生态产品的需求，提升国民幸福感。

三是要重新认识当代与未来的关系。大自然是整个人类的生命支持系统，不仅在久远的过去曾哺育过我们的祖先，还将在遥远的未来养护我们的子孙后代。长远而言，我们都是宇宙的匆匆过客，是资源、环境的临时托管人，那些对于生命存在具有极端重要意义的水、大气、森林、土壤和生物，我们有义务将其完整地交到下一代的手上。将生态文明理念融入经济发展之中，既有利于当代人的幸福，更是对未来负责。要给世世代代以合理利用自然资源的权利，不能为了满足我们这一代的需要，就剥夺下一代以至子孙后代满足他们需要的权力，更不能让子孙后代承担我们过度开发和使用资源的恶果。要注重生态的代际公平，既注重当代人的福祉，也考虑后代人的利益，不能"吃祖宗的饭，断子孙的路"。

三、生态文明建设的目标与主要战略

党中央指出，到 2020 年全面建成小康社会时，资源节约型、环境友好型社会建设取得重大进展；到 2050 年新中国成立一百年时，基本建成资源节约型、环境友好型社会。推进生态文明建设，既要有立竿见影的措施，更要有可持续的制度安排。为此，必须发挥市场配置资源的决定性作用和更好发挥政府作用，积极推动经济转型升级，在发展中保护，在保护中发展。

一是大力推进新型工业化战略，加快形成绿色低碳循环的发展新方式。从世界范围和我国的情况看，工业是造成严重的生态、环境问题的主要成因，推动工业向绿色、低碳、循环方向发展是缓解甚至消除环境、生态问题的主要方式。要把节能减排作为新型工业化道路的核心要求，调整结构、降低能耗，推进我国工业向绿色低碳方向发展。切实降低能源消耗强度，控制能源消费总量。要通过优化产业结构、推动技术进步、强化工程措施、加强管理引导等方式，形成激励和约束相结合，政府、企业、社会共同参与的节能减排新机制。加快发展循环经济，提高资源利用效率。围绕提高资源产出率，遵循"减量化、再利用、资源化"的原则，构建循环型工业、农业、服务业体系，推动资源再生利用产业化，形成覆盖全社会的资源循环利用体系。大力发展绿色产业和清洁能源，改善能源结构。积极壮大新能源产业规模，加快开发风电、光电产业，积极探索核电，因地制宜开发利用生物质能，改善我国能源结构。大力发展环保产业，为全社会提供节能环保技术装备、技术解决方案以及绿色低碳、生态环保的产品。

二是积极推动我国资源型产品的价格改革，形成全社会节能降耗

的内在激励机制。长期以来，我国各类资源型产品价格形成机制不合理、价格偏低，很难形成促使企业、居民节约利用的内在机制。为此，一方面要在起点环节适度引入竞争，优化相关产品的价格形成机制；另一方面要在终端合理调整电、水、气等资源型产品的价格，切实用价格机制引导全社会节约利用资源。以电价为例，既要形成水电、核电及可再生能源发电的合理定价机制，有序推进竞价上网和输配电价改革，也要在终端环节完善居民阶梯电价方案。继续推进资源税改革、尽快开征环境税。用经济手段促使企业主体节能降耗。大力推进排污权交易制度建设，健全资源补偿和交易制度，按照"谁开发、谁保护，谁受益、谁补偿"的原则，建立生态补偿机制，为生态环境保护注入持久动力。

三是完善相关统计评价、干部考核指标体系。一方面，要建立体现生态文明要求的目标体系，完善统计指标，把资源消耗、环境损害、生态效益纳入经济社会发展评价体系。另一方面，要完善干部考核机制，针对区域和城乡差异设立不同的考核目标，增加生态文明相关指标权重，明确界定责任，完善干部考核任用。另外，还要进一步完善相关法律法规建设，加强环境监管，严格环境执法；健全生态环境保护责任追究制度和环境损害赔偿制度；推动信息公开与公众参与，完善多元化的环境监督体制。

总之，在新常态下，必须将生态文明理念融入经济发展之中，既要金山银山，也要绿水青山。绿水青山就是最大、最久的金山银山。发展经济，决不能超越资源环境的承载能力，决不能以牺牲生态、破坏环境为代价。只有这样，我国经济社会系统才能与自然生态系统相互协调，我国经济建设才能与政治建设、社会建设、文化建设等相互协调，中华民族才能实现永续发展和长治久安。

第八节　加大全面深化改革的力度

习近平总书记指出："能不能适应新常态，关键在于全面深化改革的力度。"① 改革开放是党在新的历史条件下领导人民进行的新的伟大革命，是决定当代中国命运的关键抉择。我国过去三十多年的快速发展靠的是改革开放，我国未来的发展也必须坚定不移地依靠改革开放。中国特色社会主义在改革开放中产生，也必将在改革开放中发展壮大。新常态下，必须牢牢把握正确方向不动摇，要敢于啃硬骨头，敢于涉险滩，敢于过深水区，加大全面深化改革的力度，坚定不移地推进全面深化改革。

一、改革开放是一场深刻革命

方向决定道路，道路决定命运。我国改革开放之所以能取得巨大成功，关键是我们把党的基本路线作为党和国家的生命线，始终坚持把以经济建设为中心同四项基本原则、改革开放这两个基本点统一于中国特色社会主义伟大实践中，既不走封闭僵化的老路，也不走改旗易帜的邪路。面对新形势、新任务、新要求，全面深化改革，关键是要进一步形成公平竞争的发展环境，进一步增强经济社会发展活力，进一步提高政府效率和效能，进一步实现社会公平正义，进一步促进社会和谐稳定，进一步提高党的领导水平和执政能力。我们要通过深化改革，让一切劳动、知识、技术、管理、资本等要素的活力竞相迸发，让一切创造社会财富的源泉充分涌流。同时要处理好活力和有序的关系，社会发展需要充满活力，但这种活力又必须是有序的。

---

① 习近平：《谋求持久发展，共筑亚太梦想——在亚太经合组织工商领导人峰会开幕式上的演讲》，《人民日报》2014 年 11 月 10 日。

坚持把完善和发展中国特色社会主义制度，推进国家治理体系和治理能力现代化作为全面深化改革的总目标。邓小平同志在 1992 年提出，再有 30 年的时间，我们才会在各方面形成一整套更加成熟、更加定型的制度。十八届三中全会在邓小平同志战略思想的基础上，提出要推进国家治理体系和治理能力现代化。这是完善和发展中国特色社会主义制度的必然要求，是实现社会主义现代化的应有之义。研究全面深化改革问题，不是推进一个领域改革，也不是推进几个领域改革，而是推进所有领域改革，就是从国家治理体系和治理能力的总体角度考虑的。

二、把握全面深化改革的方法论

我国改革已经进入攻坚期和深水区，社会各界、海内外都高度关注我们的改革。进一步深化改革，我们要坚定信心、凝聚共识、统筹谋划、协同推进，坚持社会主义市场经济的改革方向不动摇，增强改革的系统性、整体性、协同性，统筹推进重要领域和关键环节改革。

坚定信心，就是要坚定不移推进改革开放。改革开放是决定当代中国命运的关键一招，也是决定实现"两个一百年"奋斗目标、实现中华民族伟大复兴的关键一招。实践发展永无止境，解放思想永无止境，改革开放也永无止境，停顿和倒退没有出路。现在，推进改革矛盾多、难度大，但不改不行。我们要拿出勇气，坚持改革开放的正确方向，敢于啃硬骨头，敢于涉险滩，既勇于冲破思想观念的障碍，又勇于突破利益固化的藩篱，做到改革不停顿、开放不止步。

凝聚共识，就是要形成推进改革开放的合力。人心齐、泰山移。没有广泛共识，改革难以顺利推进，推进了也难以取得全面成功。凝聚共识，是一个"求同存异"的过程，就是要寻求"最大公约数"。把"最大公约数"找出来，在改革开放上形成聚焦，就能事半功倍。

凝聚共识，要依靠群众的智慧和力量，尊重和发挥地方、基层、群众首创精神，从实践中寻找最佳答案。只要我们尊重人民群众的首创精神，把一切可以团结的力量广泛团结起来，把一切可以调动的积极因素充分调动起来，就一定能汇合成推进改革开放的强大力量。

统筹谋划，就是要提高改革决策的科学性。不谋全局者，不足谋一域。党的十八大强调，必须以更大的政治勇气和智慧，不失时机深化重要领域改革，坚决破除一切妨碍科学发展的思想观念和体制机制弊端，构建系统完备、科学规范、运行有效的制度体系，使各方面制度更加成熟、更加定型。这就要求我们注重改革的顶层设计和总体规划，找准改革的战略目标、战略重点、优先顺序、主攻方向等，提出改革的总体方案、路线图、时间表，推出既有年度特点，又有利于长远制度安排的改革措施。

协同推进，就是要增强改革措施的协调性。重大改革都是牵一发而动全身，更需要全面考量、协调推进。不能畸轻畸重，也难以单刀突进。只有全局和局部相配套、治本和治标相结合、渐进和突破相促进，才能使各项改革发挥最大效能。对看准了的改革，要下决心推进，争取早日取得成效。对涉及面广泛的改革，要同时推进配套改革，聚合各项相关改革协调推进的正能量。对看得还不那么准、又必须取得突破的改革，可以先进行试点，摸着石头过河，在实践中开创新路，取得经验后再推开。改革开放是当代中国的鲜明标志和活力源泉。我们要开创发展新局面，就必须实现改革新突破。

三、发挥经济体制改革牵引作用

经济体制改革对其他方面改革具有重要影响和传导作用，重大经济体制改革的进度决定着其他体制改革的进度，具有牵一发而动全身的作用。马克思在《〈政治经济学批判〉序言》中说："人们在自己生活的社会生产中发生一定的、必然的、不以他们的意志为转移的关系，即同他们的物质生产力的一定发展阶段相适合的生产关系。这些生产关系的总和构成社会的经济结构，即有法律的和政治的上层建筑竖立其上并有一定的社会意识形态与之相适应的现实基础。"在全面深化改革中，我们要坚持以经济体制改革为主轴，努力在重要领域和关键环节改革上取得新突破，以此牵引和带动其他领域改革，使各方面改革协同推进、形成合力，而不是各自为政、分散用力。

坚持社会主义市场经济改革方向，不仅是经济体制改革的基本遵循，也是全面深化改革的重要依托。使市场在资源配置中发挥决定性作用，主要涉及经济体制改革，但必然会影响到政治、文化、社会、生态文明和党的建设等各个领域。要使各方面体制改革朝着建立完善的社会主义市场经济体制这一方向协同推进，同时也使各方面自身相关环节更好适应社会主义市场经济发展提出的新要求。

近二十多年来，我们围绕建立社会主义市场经济体制这个目标，推进经济体制以及其他各方面体制改革，使我国成功实现了从高度集中的计划经济体制到充满活力的社会主义市场经济体制、从封闭半封闭到全方位开放的伟大历史转折，实现了人民生活从温饱到小康的历史性跨越，实现了经济总量跃居世界第二的历史性飞跃，极大调动了亿万人民的积极性，促进了社会生产力发展，增强了党和国家生机活力。

当前，国内外环境都在发生广泛而深刻的变化，我国发展面临一系列突出矛盾和挑战，前进道路上还有不少困难和问题。比如：发展中不平衡、不协调、不可持续问题依然突出，科技创新能力不强，产业结构不合理，发展方式依然粗放，城乡区域发展差距和居民收入分配差距依然较大，社会矛盾明显增多，教育、就业、社会保障、医疗、住房、生态环境、食品药品安全、安全生产、社会治安、执法司法等关系群众切身利益的问题较多，部分群众生活困难，形式主义、官僚主义、享乐主义和奢靡之风问题突出，一些领域消极腐败现象易发多发，反腐败斗争形势依然严峻，等等。解决这些问题，要破解发展中面临的难题、化解来自各方面的风险挑战，推动经济社会持续健康发展，除了深化改革开放，别无他途。

我们推进改革的目的是要不断推进我国社会主义制度自我完善和发展，赋予社会主义新的生机活力。既要坚定道路自信、理论自信、制度自信，要有坚如磐石的精神和信仰力量，也要有支撑这种精神和信仰的强大物质力量。三十多年来，我们用改革的办法解决了党和国家事业发展中的一系列问题。同时，在认识世界和改造世界的过程中，旧的问题解决了，新的问题又会产生，制度总是需要不断完善，因而改革既不可能一蹴而就、也不可能一劳永逸。

四、全面提高开放型经济水平

从三十多年改革开放的历程看，"以开放倒逼改革"是一条基本经验，新阶段开放倒逼改革不仅远未结束，反而面临着更为艰巨的任务，呈现出许多新的突出特点。当前，在外部市场萎缩呈中长期、贸易保护主义再度抬头的背景下，需要我们改变投资出口导向的增长模式；要把扩大内需、拉动消费作为我国推进区域合作的重大战略；按照增长转型的现实需求，由过去以制造业开放为主转变为以服务业开放为主；通过区域内全面制度创新为深化改革和扩大开放探索新路子。

以服务业开放带动全面开放。金融、电信、邮政、快递等行业进一步放开市场准入，取消经营范围限制。教育、医疗、文化等行业创新服务业政策体系。加快实施双边与多边自由贸易区战略，实现与东盟自由贸易的升级，推动中日韩、中韩自由贸易区在亚洲一体化中扮演重要角色，积极与亚太国家和地区的自由贸易区谈判，加强与新兴经济体全面合作等。积极参与全球治理重构，在世界经济再平衡与世界经济秩序重建中发挥更大作用。

中国开放的大门不会关上。我们既不妄自菲薄，也不妄自尊大，要更加注重学习吸收世界各国人民创造的优秀文明成果，同世界各国相互借鉴、取长补短。过去 10 年，中国全面履行加入世贸组织的承诺，商业环境更加开放和规范。中国将在更大范围、更宽领域、更深层次上提高开放型经济水平。我们的事业是同世界各国合作共赢的事业。国际社会日益成为一个你中有我、我中有你的命运共同体。面对世界经济复杂形势和全球性问题，任何国家都不可能独善其身、一枝独秀，这就要求各国同舟共济，在追求本国利益时兼顾他国合理关切，我们反对任何形式的保护主义，积极推动建立均衡、共赢、关注发展的多边经贸体制，共同维护和发展开放型世界经济。

第 四 章

全面深化改革：新动力与新举措

习近平总书记提出："我们正在推行的全面深化改革，既是对社会生产力的解放，也是对社会活力的解放，必将成为推动中国经济社会发展的强大动力。"[①] 党的十八届三中全会就全面深化改革作出总体部署，涉及 15 个领域、330 多项重大改革举措，这些重大改革举措正成为中国经济新常态的强大动力。新常态下，我们要更加突出全面深化改革的重要作用，不断加大全面深化改革的力度，遵循好经济规律、社会规律和自然规律这"三大规律"，实现符合经济规律的科学发展，符合自然规律的可持续发展，符合社会规律的包容性发展，积极释放"中国红利"，坚定不移地把改革事业推向深入，促进中国经济形成中高端水平和高效率增长的新常态。

第一节　依靠改革实现政府职能转变新常态

适应经济新常态，需要在更高层次上实现政府职能转变新常态。习近平总书记在十八届二中全会第二次全体会议上明确指出："转变政府职能是深化行政体制改革的核心，实质上要解决的是政府应该做什么、不应该做什么，重点是政府、市场、社会的关系，即哪些事该

---

① 习近平：《谋求持久发展，共筑亚太梦想——在亚太经合组织工商领导人峰会开幕式上的演讲》，《人民日报》2014 年 11 月 10 日。

由市场、社会、政府各自分担，哪些事应该由三者共同承担。"① 在经济新常态下，政府职能转变的核心仍然是处理好政府和市场的关系，使市场在资源配置中起决定性作用和更好发挥政府作用，实现政府职能转变新常态，这对于实现国家治理体系和治理能力现代化具有十分重要的现实意义。

一、深入推进简政放权

第一，持续深化行政审批制度改革。习近平总书记在中央政治局开展党的群众路线教育实践活动专门会议上肯定了简政放权一年来的成绩，并特别强调，要继续推进审批制度改革，最大限度减少"寻租"空间，从体制机制上堵塞滋生不正之风的漏洞。2013 年以来，新一届政府先后取消和下放了 7 批共 632 项行政审批等事项，同时修订了政府核准的投资项目目录，改革商事制度，减少、整合财政专项转移支付项目，大力减少行政事业性收费，清理并取消资质资格许可事项和评比达标表彰项目。这些措施对减轻企业负担、激发企业和市场活力具有重要作用。今后要持续深化行政审批制度改革，突破利益藩篱，切实放权于市场和社会。

第二，不断提高简政放权的含金量。2014 年 7 月 29 日，中共中央政治局会议要求，要增大简政放权的含金量，加紧深化投资体制改革，尽快放开自然垄断行业的竞争性业务，加快服务业有序开放，放开制造业准入限制。经过 10 年的行政审批制度改革，可以说容易取消和下放的行政审批事项都改革完了，剩下的都是难啃的"硬骨头"。深入推进简政放权，关键就是要坚持问题导向，将这些束缚经济社会发展、含金量高、突破价值大的权力取消和下放出去，真正实现"政

---

① 中共中央文献研究室编：《习近平关于全国深化改革论述摘编》，中央文献出版社 2014 年版，第 52 页。

府的自我革命"，激发市场内在动力和活力。

第三，建立完善政府权力清单制度。各级政府在全面摸清正在实施的行政审批事项的基础上，建立和完善政府权力清单制度，真正做到"法无授权不可为"。制定市场准入负面清单制度，负面清单以外的，各类市场主体皆可依法平等进入，做到"法无禁止皆可为"。

二、切实加强事中事后监管

转变政府职能，简政放权，"管"和"放"同等重要，缺一不可。如何做好"放""管"结合、"放""管"并举是深入推进政府职能转变的重大挑战。"管"，就是事中事后监管，是当前改革面临的一大短板，比较突出的问题主要有三个方面。一是监管理念不到位。很多政府部门"会批不会管""对审批很迷恋，对监管很迷茫"，对事中事后监管既不熟悉也不热衷，导致以批代管、以费代管和以罚代管的现象还比较普遍存在。二是监管体制不健全。一方面，多头监管、权责不对应问题严重，监管职责既交叉又缺位；另一方面，监管能力不足，信息不对称现象普遍存在。三是监管方式不科学。监管部门较多采用"静态式""运动式"的监管方式，平常监管不严，无心顾及问题隐患，问题暴露后才一拥而上。

政府职能转变的新常态要求必须加强事中事后监管，这需要在四个方面上下功夫。第一，提升政府监管意识，落实监管责任。重点是改变重审轻管、有权无责的现象，做到权责对应，切实将监管责任落实到部门、落实到岗位、落实到人头，从根本上破除"懒政""怠政"思维，清除"监管认知盲区"。第二，完善制度建设，创新监管方式。一方面是建立以风险管理为基础的预防性制度体系，例如市场主体信用体系等，通过相关制度约束市场主体的行为，提高违法成本。另一方面是建立以随机抽查为重点的日常监督检查制度，公开监管执法信息，完善市场监管的工作流程和方法，填补监管缝隙，堵住监管漏洞。第三，鼓励社会监督，强化行业自律。一方面鼓励社会公众，尤其是利益相关方参与社会监督，提升公众的维权意识和自我保护能力。另一方面，加强行业自律，依靠行业协会等社会组织强化事中事后监管。第四，加强监管研究，放管同步推进。国务院明确要求，在行政审批改革过程中，对取消下放的每一个项目都要同步研究、同步提出加强事中事后监管的措施，并同步落实。对予以取消或下放的行政审批事项，如果下一步事中事后监管措施不明确、不具体、操作性不强，应当暂缓取消下放，否则又会回到"一放就乱"的老路上，影响改革成效。

三、健全宏观调控体系

科学的宏观调控，有效的政府治理，是发挥社会主义市场经济体制优势的内在要求。适应经济新常态的要求，需要按照内在经济规律，创新宏观调控思路和方式，保持区间调换弹性，切实发挥政府在管宏观、抓大事、议长远、谋全局方面的作用，提高政府治理能力。

第一，完善宏观调控思路。党的十八届三中全会通过的《中共中央关于全面深化改革若干重大问题的决定》指出："宏观调控的主要任务是保持经济总量平衡，促进重大经济结构协调和生产力布局优化，减缓经济周期波动影响，防范区域性、系统性风险，稳定市场预期，实现经济持续健康发展。"传统宏观调控思路更多强调的是速度和规模的指标，最关注 GDP、物价、货币供应、信贷投放、财政收支等数据。经济新常态下，宏观调控重点关注经济发展质量、效益以及经济之外的民生、生态等指标，综合考虑经济社会发展的各个部分，统筹做好稳增长、促改革、调结构、惠民生各项工作。

第二，创新宏观调控方式。《中共中央关于全面深化改革若干重大问题的决定》指出："健全以国家发展战略和规划为导向、以财政政策和货币政策为主要手段的宏观调控体系，推进宏观调控目标制定和政策手段运用机制化，加强财政政策、货币政策与产业、价格等政策手段协调配合，提高相机抉择水平，增强宏观调控前瞻性、针对性、协同性。"经济新常态下，要探索区间调控和定向调控相结合的新的宏观调控方式。定向调控是区间调控的重要组成部分，是区间调控的深化。实施定向调控，就是抓住经济社会发展的关键领域和薄弱环节，精准发力、定向施策。综合运用区间调控与定向调控，既调控经济总量，又调控经济结构，既强调结果的有效性，又注重调控过程的精准性，是从理论和实践两个方面创新宏观管理的实现形式。

四、创新行政管理方式

第一，以法治思维和法治方式推进行政执法改革。党的十八届四中全会对行政执法体制改革作出了全面部署。《中共中央关于全面推进依法治国若干重大问题的决定》强调，要深化行政执法体制改革，推进综合执法，完善市县两级政府行政执法管理，严格实行行政执法人员持证上岗和资格管理制度，健全行政执法和刑事司法衔接机制。同时，要坚持严格规范公正文明执法，建立健全行政裁量权基准制度，全面落实行政执法责任制。在行政执法领域创新行政管理方式，必须强化法治思维和法治方式意识，做到有法可依、有法必依，改变行政执法随意性强、规范性弱等问题，提高行政执法公信力。

第二，依靠社会信用体系建设加强市场监管。激发企业和市场活力，必须加强市场监管，创造公平竞争和运转有序的市场环境。2014年6月，国务院出台了《关于促进市场公平竞争维护市场正常秩序的若干意见》，有关部门也在抓紧制定有关社会信用体系建设的制度措施。通过建立企业信息公开制度、建设社会信用体系等方式，创新和完善行政管理方式，推动建设统一开放、竞争有序、诚信守法、监管有力的市场监管体系。

第三，积极开展政策措施第三方评估工作。为把政府职能转变的各项任务落到实处，新一届政府针对重要政策措施落实情况，在监督的基础上引入第三方评估，这是行政管理方式的重大创新。持续开展针对政策措施的制定前、实施过程和落实情况的第三方评估工作，对畅通政策渠道、完善政策措施具有重要作用。

五、加强和优化公共服务

当前，我国经济社会发展面临的一个重要问题是公共需求快速增长与公共服务供应不足之间的矛盾。加强公共服务体系建设，特别是推进基本公共服务均等化是解决这一问题的重要措施，也是政府职能转变的重要目标，应当从三个方面重点切入。

第一，强化政府的公共服务职能，提高公共服务总体水平。政府应当完善社会保障、教育、卫生、文化等方面的职能配置，形成完善的公共服务体系，做到政府公共服务职责不"缺位"。同时，将政府公共服务职责法治化，明确政府公共服务的权责体系，消除政府怠于提供公共服务的随意性。

第二，加大公共投资，增加公共产品有效供给。国际经验表明，高速增长期结束并不意味着中速增长期会自然到来。在由高速增长向中高速增长转换的过程中，政府应当把握底线思维，稳定经济增长，防止经济出现断崖式下滑而引发的系统性风险。公共领域投资是稳增长的有效手段，重点增加公共基础设施和教育、医疗、社会保障等民生投资，提高公共产品的总量与质量，使公共服务与经济增长协调发展。

第三，创新公共服务供给方式，构建多元化、社会化的公共服务供给体系。核心是将政府职能转到为市场、为社会主体创造平等竞争环境和提供服务上来。对市场和社会能够生产和提供的公共产品，要放开公共服务市场，允许和鼓励市场主体和社会组织参与其中，利用市场和社会机制完善资源配置，提高公共服务数量和质量，形成市场和社会提供、政府购买的公共产品供给机制。

六、优化政府组织机构

习近平总书记指出："推进机构改革和职能转变，要处理好大和小、收和放、政府和社会、管理和服务的关系。大部门制要稳步推进，但也不是所有职能部门都要大，有些部门是专项职能部门，有些部门是综合部门。综合部门需要的可以搞大部门制，但不是所有综合部门都要搞大部门制，不是所有相关职能都要往一个筐里装，关键要看怎样摆布符合实际、科学合理、更有效率。"①

优化行政权力结构与运行机制是政府职能转变的保障。这就要求政府职能转变必须同步推进政府组织机构优化，使其服务于政府职能转变。优化政府组织机构设置应当按照决策权、执行权、监督权既相互制约又相互协调的原则，科学配置行政职责，完善行政权力结构，规范行政权力运行机制，推动形成权责统一、分工合理、决策科学、执行顺畅、监督有力的行政管理体制，为形成科学、稳定、高效、廉洁的行政权力配置结构和运行机制奠定基础。同时，从法治的高度规范政府组织机构设置，将优化进程规范化、制度化，避免机构设置和职能配置的随意性，打破机构设置、人员配置"膨胀—精简—膨胀"的恶性循环。

---

① 中共中央文献研究室编：《习近平关于全国深化改革论述摘编》，中央文献出版社 2014 年版，第 53 页。

第二节　依靠改革实现创新驱动发展新常态

习近平总书记在 2014 年 APEC 工商领导人峰会发表演讲时指出，中国经济新常态的特点之一是从要素驱动、投资驱动转向创新驱动，并强调"我们致力于发挥创新驱动的原动力作用，更多支持创新型企业、充满活力的中小企业，促进传统产业改造升级，尽快形成新增长点和驱动力"。[①] 那么，怎样实现创新驱动发展新常态？我们认为，当前最为紧迫的是要进一步解放思想，破除一切束缚创新驱动发展的观念和体制机制障碍，让一切有利于创新驱动的活力源泉充分涌流。

一、强化企业为主导的技术创新

企业强则科技强、产业强、经济强、国家强，创新型企业是创新驱动发展的主要载体，也是提升国家竞争力的重要基础。因此，千方百计激发企业内在创新动力，使企业真正成为技术创新决策、研发投入、科研组织和成果转化应用的主体，促进科技成果向现实生产力转化。

其一，加大对企业技术创新的源头支持。鼓励企业围绕市场需求建立研发机构，引导企业加大研发投入力度，健全组织技术研发、产品创新、科技成果转化的机制，加强创新与市场对接，支持企业推进重大科技成果产业化。大力培育科技型中小企业。政府可设立中小企业发展专项资金等引导中小企业技术创新和改造升级。

其二，推动企业技术创新战略转型升级。鼓励企业选择走符合企业比较优势的自主创新道路。充分发挥企业科技人员在新产品开发、

---

① 习近平:《谋求持久发展，共筑亚太梦想——在亚太经合组织工商领导人峰会开幕式上的演讲》,《人民日报》2014 年 11 月 10 日。

新技术引进、新工艺运用方面的作用。促进资本、管理和技术等生产要素参与分配，鼓励科技要素向企业流动，引导资金、人才、技术等创新资源向企业集聚，从而激发科技人员创新创业活力。注重加强对企业技术创新前沿理论研究，以增强企业提升市场竞争中的核心竞争力为目标来提高企业技术创新水平。

其三，善于以全球视野谋划和推动创新。当今世界的创新和生产日趋多元化和分散化，原本局限于一定区域的价值链被拉伸到不同的国家，全球价值链因此形成。如果"闭关锁国"，关起门来竞争只能让自己的创新能力萎缩，让自己始终处在价值链的低端。在新的全球竞争格局下，中国企业必须以全球视野谋划和推动创新，学会整合全球资源，提高本国的创新能力。

组建产业技术创新战略联盟，加强技术创新、商业模式创新和管理创新，提升企业技术创新开放合作水平。企业也可与高校、科研院所等共建研发机构，实现优势互补、成果共享、风险共担。推动企业技术创新由重引进向重消化吸收转变，走出"引进—落后—再引进—再落后"的恶性怪圈，推动企业实现更高层次的开放式创新。

二、建立健全护航创新驱动发展的制度

迈向创新驱动发展道路离不开相应的制度安排，而制度设计的合理与否将直接影响创新驱动与经济转型升级的最终绩效。因此，务必打通科技和经济转移转化的通道，坚决清除影响科技创新能力提高的制度障碍，为创新驱动发展提供有效保障。

其一，知识产权制度。知识产权的价值在于激励创新、防止侵权、促进竞争，保证充足的创造发明供应市场，刺激可持续而广泛的经济增长。有效的知识产权制度是保障创新者经济效益的基础。要加强知识产权运用和保护，健全技术创新激励机制，探索建立知识产权

法院，这是对创新驱动发展的重要支撑。通过加强知识产权运用和保护，建立利益共享、风险共担的知识产权利益机制。

其二，财政金融制度。加大财政科技投入，调整投入结构，完善支持创新的税收政策、政府采购政策，全面落实高新技术企业税收优惠、企业研发费加计抵扣、科技企业孵化器税收优惠等政策措施，发挥财政资金"四两拨千斤"的杠杆作用。推进科技金融创新，加大对企业技术创新的融资支持，鼓励金融机构开发支持企业技术创新的贷款模式、产品和服务，引导更多社会资本进入创新领域。构建以风险投资为核心的股权投资体系，完善多层次"金字塔型"资本市场，以金融创新支撑技术创新。建立新型科技创新投融资平台，为不同发展阶段的科技企业提供多样化的投融资服务。创新符合科技型中小企业成长规律和特点的新型科技金融产品、组织机构和服务模式。扩大科技支行、科技担保、科技小贷、科技保险等科技金融专营服务机构规模。

其三，协同创新制度。协同创新是指创新资源和要素有效汇聚，通过突破创新主体间的壁垒，充分释放彼此间"人才、资本、信息、技术"等创新要素活力而实现深度合作。形成以非线性、网络化、开放性为特征、以多元主体相互联合与协同互动为基础的协同创新模式。换个角度来讲，协同创新就是打通企业、政府、高校、科研、金融机构之间的隔阂，围绕产业链部署创新链，围绕创新链完善资金链，营造开放协同高效的创新生态。企业出题目，政府引导高校、科研部门研究相关题目，协同进行技术攻关，促进研究的能力和产业需求无缝对接。要深化科研院所改革和高校科研体制改革，推动建立权责清晰、优势互补、利益共享、风险共担的产学研合作机制。

三、培养大批创新人才

创新驱动实质上是人才驱动。没有强大的人才队伍做后盾，自主创新就是无源之水、无本之木。诺贝尔经济学奖获得者、美国经济学家舒尔茨提出，人力资本的积累是社会经济增长的源泉，现代经济发展必须依靠增加脑力劳动者的比例来代替原有的生产要素。富有创新精神、勇于追求真理的高层次创新型人才，是推动科技进步、经济社会发展最重要的力量。要在创新实践中发现人才、在创新活动中培育人才、在创新事业中凝聚人才，推动中国从人口大国迈向人才大国、人力资源强国。

其一，培养造就高素质的人才队伍和从业劳动者。突出创新型科技人才队伍建设，培养一批科技领军人才和创新团队，引导其成为创新驱动的中坚力量。提高普通从业人员的技术、管理和劳动技能，加强培训，提高素质。营造尊重知识、尊重劳动、尊重创造的环境，使优秀人才脱颖而出。应该看到，实施创新驱动发展战略既需要研究开发人才和科学家，也需要高素质的管理人才和其他类型人才。一个令人担忧的情况是，中国缺乏大量的高技能人才，如高级技工。从某种程度上说，高技能人才在一定程度上已经成为中国实施创新驱动发展战略的短板。基于此，要不断加大高技能人才的培养力度，可采取学校教育培养、企业岗位培训、个人自学提高等多种方式，大规模开展技能人才培训。

其二，不拘一格吸引、使用人才。应大力引进海内外高层次创新人才、创新团队、各学科的领军人物，以高层次人才引领高水平创新。借助第三方力量开展创新人才评选活动，不断加大对专业技术拔尖人才及创新创业人才激励的力度。打通体制机制障碍，促进高校、科研院所的创新人才向企业流动。鼓励创新型人才向企业集聚，注重发挥企业家创新才能。搭建集聚多层次人才的活动平台，促进跨行业、跨学科领域的人才资源流通。

其三，营造良好人才成长环境。完善鼓励技术要素参与收益分配政策，建立重实绩、重贡献的薪酬激励机制，加大对创新人才创业的支持力度，掀起"大众创业""万众创新"的新浪潮。提高科研人才的薪酬待遇，夯实创新驱动发展的人才基础。中国必须走出所谓的具有"低劳动力成本"比较优势的观念误区。低工资只能吸引低素质劳动力，要成为自主创新型国家必须有大批高收入、高水平的高端人才，这样才能不断推动创新，提升中国的竞争优势。

四、形成良好的创新文化

实现创新驱动发展既需要正式制度的规范和引导，也需要非正式制度的激励。文化作为非正式制度的重要内容，对于创新的影响同样不可忽视。创新文化是社会成员的创新能力和习惯的表现，也是社会共有的关于创新的观念和制度的设置。适应经济新常态，创新驱动发展自然离不开良好的创新文化支持。

其一，形成崇尚科学、追求卓越的社会氛围。注重宣传普及科学知识、科学方法、科学精神，提高全民族的科学文化素质，在全社会形成创新的良好风尚。在科研领域提倡科学精神：求真务实、诚实公正、怀疑批判、协作开放。坚持尊重劳动、尊重知识、尊重人才、尊重创造。改变当前科研评价体系中只重数量不管质量，不评估科技成果本身的创新性和贡献的陈旧做法。大力宣传献身科技事业并作出重大贡献的科学家、工程师以及成功转化科技成果的企业家。

其二，倡导敢冒风险、宽容失败的创新精神。克服浮躁心态和急功近利倾向，破除扼杀创新精神的官本位意识和小农意识，培育创新意识，鼓励创新精神，激发创新活力，营造创新氛围，保护创新成果。

其三，建立有助于形成创新文化的相关制度。创新文化并不是自然形成的，制度安排不可或缺。比如，通过改进教育体制，培养广大青少年的创新意识，提高其实践能力。再如，加快建立健全国家科技报告制度、创新调查制度、国家科技管理信息系统，大幅提高科技资源开放共享水半等，都有助于形成良好的创新文化。

第三节 依靠改革实现产业迈向中高端新常态

历史经验多次证明，适应新的经济发展态势，推动本国产业向中高端迈进，是一个国家后来居上、实现弯道超车的有效途径。德国紧紧抓住了第二次工业革命引发的化工、电气等新兴产业形成的机会，从中高端切入，在19世纪末20世纪初一举超过英法成为欧洲第一强国。20世纪60年代后，韩国通过重点发展汽车、钢铁、半导体器件、电子计算机、通信设备、船舶等中高端产业，实现了经济的跨越式增长，成功进入高收入国家行列。应该看到，中国产业发展内部的条件和动力已经发生了新的重大变化。习近平总书记明确指出，中国经济新常态表现在结构方面，即是经济结构不断优化升级。我们必须立足于中国的现实国情与发展要求，分类施策、统筹协调、科学有序地推动产业迈向中高端新常态。

一、不断提升制造业在全球价值链中的地位

美国管理学家迈克尔·波特教授1985年在《竞争优势》中首次提出"价值链"概念，认为"企业的价值创造过程主要通过基本活动（含生产、销售、物流和服务等）和辅助性活动（含原材料采购、技术开发、人力资源管理等）两部分来完成"。这些活动在企业价值创造过程中是相互联系的，由此构成企业价值创造的行为链条，这一链条可称为"价值链"。一般来说，全球价值链可分为技术、生产、营

销三大环节，每一个环节都有价值创造和利润分配。技术环节包括研发、创意设计、技术培训等环节；生产环节包括采购、系统生产、终端加工、测试、质量控制、包装和库存管理等分工环节；营销环节则包括销售后勤、批发及零售、品牌推广及售后服务等分工环节。当国际分工深化为增值过程在各国间的分工后，传统产业结构的国际梯度转移也就演变为增值环节的梯度转移，上述三个环节呈现由高向低再转向高的"U型"。其实，产业结构调整并不是简单地调整各产业间的比例关系，而是应调整不同价值链区段的比例关系，不断从价值链低端向价值链中高端升级，这才是一国保持强大竞争力的关键所在。

中国产业存在的结构性缺陷是加工制造能力强，研发、设计、营销、供应链管理等关键环节薄弱，并使得中国国际分工地位低、产品附加值低、贸易条件恶化。因此，必须提升中国在全球价值链中的地位，促使中国工业实现从技术含量低、创新能力弱、资源环境压力大的产业价值链低端迈向依靠科技进步、创新能力强、资源消耗少的产业价值链高端。

一是实施"提升全球价值链战略"，参与国际规则制定，提高影响力。应积极参与全球价值链下贸易增加值统计方式的国际合作与交流，在国际贸易评估方法的改革中，体现中国技术贡献，反映中国利益诉求，积极参与制定有效的国际经济政策，营造有利的外部环境。二是综合应用集成协同技术、制造服务技术、工业物联技术于产品设计、生产、管理以及全生命周期，形成工业制造升级的新技术、新模式，提高核心竞争力。三是向研究开发、设计、营销、品牌、技术服务等价值链两端的关键环节延伸，增加在全球价值链中高附加值产品和环节的比重。四是发挥中国超大国内市场规模的优势，有序促进东中西部地区之间产业的承接转移，形成产业链与价值链各环节协同发展的格局，提升产业的国际竞争力。

二、大力发展战略性新兴产业

发展战略性新兴产业，必须避免重蹈以前仅靠引进技术，仅满足于承接加工制造而处于价值链分工低端的覆辙。根据国际市场需求变化和技术发展趋势，以重大技术突破和重大发展需求为基础，促进新兴科技与新兴产业深度融合，在继续做强做大高新技术产业基础上，把战略性新兴产业培育成先导性、支柱性产业，抢占国际产业竞争制高点。适应后金融危机时期国际产业竞争格局的变化及第三次工业革命带来的新挑战，重点支持具有技术密集和知识密集、高附加值、高加工度特征的高新技术产业和新兴行业的发展，如新一代信息技术、高端装备制造、新能源、新材料等，全面提升中国工业的国际竞争力。通过设立新兴产业创业创新平台，营造良好创业环境，帮助新兴产业跨越发展瓶颈期，在新一代移动通信、集成电路、大数据、智能制造、3D 打印、新能源、新材料上赶超先进国家，引领未来产业发展。

三、持续推进传统工业项目的改造升级

工业是经济增长的发动机，是技术创新的承担者，是现代服务业发展的动力源，是企业现代化的催化剂，也是经济国际化的带动者。应坚持走中国特色新型工业化道路，适应市场需求变化，根据科技进步新趋势，发挥中国产业在全球经济中的比较优势，促进现有产业由价值链条的中低端位置向中高端位置跃升，提高工业整体竞争力和赢利水平。加快转型步伐，彻底改变依靠生产要素投入、靠低价格、拼数量进行扩张和参与低端竞争的粗放式发展方式，加快淘汰高能耗、高排放、低附加值的传统重化工业，瞄准国际先进水平，全力打造以创新性、开放性、协调性、集约性、可持续性为特征的现代工业体

系，实现工业结构高级化、布局合理化、发展集聚化和竞争力高端化。提高产业关联度，依托优势产业促进产业链延伸，做大做强产业集群。优势产业是一个地区经济实力的重要标志，具有很强的正外部溢出效应，是促进产业链条延伸的基础。这些企业具有较强的吸引力和扩散力，能够有效带动相关产业发展，形成产业集群，进而提高产品附加值与竞争力。政府要转变观念，更好地发挥市场力量在产业集群发展中的优势，最大限度地激发各方面的潜力。

四、稳步提高服务业发展质量

服务业通常是衡量一个国家或地区经济发展水平的重要标志。发达国家服务业增加值占 GDP 的比例在 70% 左右，而在服务业中生产性服务业占比近六成。大力发展服务业，提高服务业发展质量，向价值链中高端延伸，对吸纳就业、刺激消费、减轻资源环境压力都具有非常重要的作用。

一方面，优先发展生产性服务业。实践证明，制造业服务化不仅是工业调整结构提升增加值的有力措施，而且是大力发展生产性服务业的重要途径。可以依托制造业的优势，拓展延伸研发设计和品牌营销等环节，形成相对独立的产业和企业。依托专业市场的优势，加快发展电子商务、会展、文化创意、设计服务和保险、现代物流等新兴市场业态，使网上市场与网上交易逐渐成为商品贸易的重要形式。抓住第三次工业革命的契机，大力发展大数据、云计算、研发设计等高端生产性服务业，缩小与世界发达国家生产性服务业的差距。

促进生产与服务融合。制造业应主动顺应市场变化和技术革新的要求，创新制造方式和服务业态，推进制造业的智能化、数字化、网络化、服务化。发展柔性制造、个性化制造、产品定制、零部件定制等，在规模化、批量化生产的同时，注重满足不同层面、不同客户和消费者的市场需求，重视市场创新和经营模式创新；进一步提升品牌、质量，为开拓市场、发展服务业提供物质保障。不断提高生产性服务业对制造业的渗透力和辐射力。推动生产性服务业与先进制造业的相互融合、相互促进与相互发展。鼓励企业大力发展专业维护、维修服务，积极发展售后服务新业态，提高服务质量，完善服务标准，不断提高用户满意度。

另一方面，稳步发展生活性服务业。城乡居民生活水平提高后，"享受型"的需求会不断增加，结合国内不断提高的消费水平要求，加速发展房地产、旅游、医疗保健、音乐、体育、非义务类教育、心理咨询等生活性服务业，运用互联网技术和现代经营理念，改造餐饮、商贸等传统服务业，进而带动产业结构提升。还应看到的一个新变化是城镇化带来人口的集聚，未来20年还将有3亿人进入城市工作和生活，当人口集聚到一定"门槛"后，服务业的不同部门之间就会相互创造需求，相互创造就业岗位。政府应及时顺应这一变化，创造良好的外部环境，发展公共服务、基础教育、公共卫生、公益性信息服务等公共服务业，为生活性服务业发展创造更好的外部条件。

第四节　依靠改革实现消费扩大与升级新常态

当前，模仿型排浪式消费阶段基本结束，个性化多样化消费将成为主流。我国经济发展的内在支撑条件和外部需求环境都已发生了深刻变化，经济增长正进入由高速向中高速转换的新常态。新常态下，要更加注重内需拉动经济增长的主引擎作用，充分发挥我国作为经济大国的市场优势、规模优势和制度优势，释放消费潜力实现消费扩大与升级新常态，使消费继续在推动经济发展中发挥基础作用。

一、实现消费扩大与升级是打造中国经济升级版的战略举措

面对当前错综复杂、各种风险挑战极为严峻的国际国内经济形势，为保持和促进我国经济持续健康发展，迫切需要打造中国经济升级版。打造中国经济升级版的重要着力点，就是要将扩大内需作为经济增长的主要动力，要增强消费特别是居民消费作为扩大内需的主引擎作用，推动经济结构的转型升级。

概括地讲，实现消费扩大与升级新常态的重要意义主要有以下几个方面：

第一，促进经济增长目标由大国向强国转型升级。世界经济强国的发展历程表明，强国经济的发展主要依靠内需。多数发达国家崛起的基本路径是：在工业化初期，经济增长较多依靠投资和出口拉动，而到了工业化后期或完成工业化之后，国民经济的增长更多转向消费需求拉动。这是因为，在经济起飞阶段，由于缺乏资金，需要大幅增加国民收入中用于储蓄和投资的部分，降低消费率。而当资本存量达到一定规模之后，就要降低储蓄和投资，提升消费率。研究表明，美国、德国、日本等经济体，其最终消费率均在 80% 左右，而 2013 年我国最终消费率仅为 50%，迫切需要努力释放大国消费红利。

第二，促进经济增长动力由外需向内需转型升级。支撑我国三十多年经济高速增长的重要因素之一，就是因为走的是外向型经济发展道路，依靠世界市场的强大需求拉动国内经济增长。但在新的历史发展阶段，尤其是 2008 年国际金融危机以来的世界经济，呈现出"总量需求增长缓慢、经济结构深度调整"的鲜明特征，使得我国得以高速增长的外部需求出现常态性萎缩。这就要求我们必须逐步改变过度依赖外需的经济增长模式，充分发挥消费在国民经济中的基础性作用，逐步向以消费需求特别是居民消费需求作为经济增长主动力的经

济发展模式转变。

第三，促进经济增长质量由中低端向中高端转型升级。经济增长质量是在经济的数量增长到一定阶段的背景下，经济增长的效率提高、结构优化、稳定性提高、福利分配改善、创新能力提高，从而使经济增长能够长期得以提高的结果。当前，我国内需结构调整过度依靠产业投资，使得产能过剩风险逐步凸显。以产业为例，统计数据表明，2013 年粗钢、水泥、电解铝、平板玻璃、风电设备、光伏等产业的产能利用率均在 70% 左右，按照国际行业标准，这些产业已经出现了较为严重的产能过剩。我们通过加快释放大国消费红利，一方面可以积极消化部分过剩产能，另一方面也可以通过需求结构升级引导产业结构向中高端升级，促进经济发展的提质增效。

第四，促进经济福祉由非均衡向包容共享转型升级。我们打造中国经济升级版，加快从经济大国向经济强国迈进的根本目的就是要不断提高人民生活水平，满足人民日益增长的物质文化需要。积极释放大国消费红利，提高居民消费水平是发展社会主义市场经济的题中应有之义。在新中国成立后的一段时间，为了获得经济建设的资本积累，我国很长一个时期推行的是"高储蓄、低消费"的经济政策，人民的生活消费水平并没有得到相应提高。在新的历史发展阶段，我们不仅要注重 GDP 和城乡居民收入增长的数量，更要注重大多数人民群众的生活消费质量提升，实现经济福祉由广大人民共享的发展目标。

二、制约消费扩大与升级的主要因素是体制机制障碍

消费需求是最终需求。无论是从适应经济新常态的实际需要看，还是从长远发展的根本目的看，我们都必须将扩大消费需求特别是居民消费需求放到更加突出的位置。但从整体上看，目前我国还存在着

诸多制约消费发展的体制机制障碍，居民的消费能力、消费意愿、消费环境、消费供给等方面还有很大的提升和改善空间，大国消费红利有待进一步释放。

总体来看，制约因素主要有以下几个方面：

第一，收入分配体制不合理，抑制了居民消费能力的提高。收入是居民消费需求的决定性因素，消费需求随着居民收入总量和收入结构的变化而变化。当前，制约我国释放大国消费红利的主要原因是国民收入分配制度不合理。国家统计局的历年数据表明，我国劳动者报酬占国民收入比重由1995年的51.1%下降到2013年的44.7%，呈现出逐年下降的趋势，而居民收入在国民收入初次分配中的收入占比也呈现出类似的下降趋势。同时，社会财富在一定程度上向少部分高收入群体集中，导致个人财富的"马太效应"被放大，从而显著地降低了整个社会的边际消费倾向和平均消费倾向，造成消费总需求的不足。

第二，政府公共产品投入不足，影响了居民消费预期的提升。居民的实际消费支出与消费预期密切相关，稳定的消费预期能够有效地拉动消费总量。当前，由于我国对基础性公共产品投入相对滞后，导致居民的预期消费支出增加。一方面，政府在社会保障、医疗卫生、养老服务、基础教育等基本公共服务方面的投入离预期还有较远距离，使得广大居民对未来支出预期大幅提高，很大程度上挤占了其他形式的消费。另一方面，随着我国城镇化进程的加速，新增就业人员、农村剩余劳动力等人群的就业压力明显增大，在就业保障体制相对滞后的情况下，会直接影响到这些人群的未来收入预期，使得"没钱消费"与"不敢消费"的状况并存。

第三，社会信用机制不健全，制约了居民消费环境的改善。良好的社会信用与消费监管体系是改善消费环境、释放消费红利的重要因素。在我国消费市场上频繁出现的"烂果门"、地沟油、毒馒头、镉大米、塑化剂等食品安全事件，暴露出我国现代社会信用体系建设严重滞后的弊端。企业信用评估不规范、评估机构资质参差不齐、信用管理呈现多头管理、失信惩戒机制尚未形成等问题还十分突出。而社会信用机制不健全又会进一步影响到我国消费信贷的发展，恶意骗取贷款或多头开立账户等事件加剧了商业银行的消费信贷风险，使其"惜贷"或"不贷"，这在很大程度上会制约消费需求总量的增长和消费需求结构的升级。

第四，市场准入制度不完善，阻碍了消费有效供给的增加。有效的消费供给是扩大消费需求的重要方面。随着我国居民消费需求的不断增长，消费供给不足、结构不合理等问题不断暴露出来。比如，在医疗保健、金融服务、文化娱乐、体育健身、信息服务、家政服务业等领域，尽管新一届政府已经出台了一系列加快相关产业的政策措施，但客观地讲，民营资本在进入一些服务领域和选择投资项目时还受到一定程度的限制。此外，一些地方政府仍然实行针对某些商品的市场限制和地方保护主义，这会产生"劣币驱逐良币"的逆向选择行为，在一定程度上会制约市场主体为消费者提供更多更好的产品和服务，不利于消费有效供给的增加。

三、实现消费扩大与升级新常态的基本思路和政策建议

2013 年，我国全年社会消费品零售总额 237810 亿元，比 2012 年增长 13.1%，最终消费对 GDP 增长的贡献率是 50%，但相对于资本形成总额对 GDP 增长贡献率的 54.4% 而言，依然还有很大的发展空间。扩大消费需求，培育新的消费形态和消费产业，既是经济增长的主要动力，也是实现经济转型升级的重要途径。

第一，保持经济平稳增长，扩大消费收入来源。当前，我国经

济正由高速增长向中高速增长的新常态转变，经济增速进入换挡期。2014 年上半年的经济数据已公布，应当说，我国经济运行面临较大的下行压力，面临较大的经济运行风险。加快释放大国消费红利的根基在于宏观经济的平稳运行和经济总量的稳步提升，我们要通过做大做强"经济蛋糕"，扩大消费的直接收入来源。一是推进城乡结构改革，积极推进以人为核心的新型城镇化，加快推进农民工市民化进程，构建城乡发展一体化体制机制。二是推进区域结构改革，稳住东部沿海发达地区的经济规模，避免经济出现"失速"。三是推进产业结构改革，通过市场驱动和创新驱动，构建创新驱动产业升级机制，促进产业结构从中低端向中高端迈进。四是积极防范地方政府债务风险、流动性风险、房地产泡沫风险等经济风险，促进经济行稳致远。

第二，增加居民收入水平，夯实居民消费基础。实现消费扩大与升级，解决"没有钱可花"的关键就在于居民收入水平的整体提高，这种提高要以收入增长的制度机制来保障。一是要提高劳动者报酬在初次分配中的比重。通过推动企业工资集体谈判机制建立和调整最低工资标准等措施，引导劳动者工资收入的合理增长。二是要提高居民收入在国民收入分配中的比重。要进一步加大对农村土地制度的改革，进一步完善多层次的资本市场体系建设，提高居民的红利、股息、利息等财产性收入，努力实现党的十八大提出的到 2020 年"城乡居民收入倍增计划"。三是要完善有助于促进消费的财税政策。应建立对节能、环保、循环利用等领域的长期补贴机制，加快推进间接税改革，通过降低间接税促进消费产品价格的下降，以扩大消费需求。四是要积极落实扩大就业政策。努力解决好高校毕业生、新生代农民工、复转军人等群体的就业难题，通过扩大就业保障好这部分消费人群的收入来源。

　　第三，完善社会保障机制，增强居民消费预期。当前，我国消费市场中存在的"有钱不敢花"现象就需要进一步完善社会保障机制，加快基本公共服务体系建设。一是要深化公共财政体制改革，按照有利于逐步实现基本公共服务均等化的要求，建立健全基本公共服务财政投入稳定增长的长效机制。二是要深化医疗卫生体制改革，尤其要健全重特大疾病保障制度，使居民在重特大疾病面前能够获得急需的医疗保障，这对于提高消费预期具有重要意义。三是要深化教育体制改革，坚决取缔"择校费"等不合理收费，改善民办教育办学环境，努力解决"上学难"的问题。四是要加快推进保障性住房建设。积极探索实施多种保障性住房的供给形式，完善住房保障体系，逐步将保障性住房的覆盖面扩大到城镇居民中低收入和农民工群体，显著降低租房支出在居民消费中的比重。

　　第四，优化社会信用环境，提高市场监管能力。当前，要解决好我国消费市场中"有钱不愿花"现象的根本途径在于要不断优化社会信用环境，提高市场监管能力，使得广大居民能够"放心消费、安全消费"。一是要加大针对社会失信行为的立法和执法力度，鼓励诚信经营，积极促进信用体系建设。二是要加强各类个人及企业的信用信息的互联互通，并依据有关法律对其实施分类管理，有条件地向社会征信企业开放。三是要逐步提高政府对市场监管的能力，坚决杜绝各种欺行霸市、假冒伪劣、虚假广告、商业欺诈、霸王条款等行为或现象，特别要强化对食品、药品、日化品等商品市场的监管，保护消费者和经营者的合法权益，为消费者提供安全、透明的消费环境。四是要大力支持中小型消费信贷企业的发展。目前我国居民消费信贷主要来自于商业银行，其办理手续复杂且信贷要求高。我们要适当放宽中小型消费信贷企业的准入门槛，在风险可控的前提下，支持中小型消费信贷企业的发展。

第五，放宽市场准入门槛，培育居民消费热点。新一届政府成立以来，共取消和下放 500 多项行政审批等事项，这对于激发企业和市场活力、改善居民宏观消费环境起到了重要作用。但我们也发现，不少地区和部门在新型消费业态企业的准入审批等方面还存在着诸多问题，需要进一步清理和取消不必要的生产经营准入限制、行业管理规定等。通过放宽市场准入门槛，从"吃穿住行、教养康享"等方面入手，大力培育养老服务、医疗健康、旅游度假等新的居民消费热点。建议恢复"五一"七天长假制度和强制性带薪休假制度，增加人们外出旅游的时间，保障居民休假期间的收入不降低，释放家庭消费潜力。值得重点指出的是，信息消费、网络消费等消费新业态和消费热点方兴未艾，显示了巨大的消费增长潜力。我们要加快推进这些消费领域的政策细则出台，加快实施"宽带中国"战略，加紧落实政策支持措施，完善政府消费监管，为加快培育新的消费增长点营造健康、安全、有序的发展环境。

第五节　依靠改革实现新型城镇化建设新常态

城镇化是现代化的必由之路，是保持经济持续健康发展的强大引擎，也是经济转型升级的重要载体和途径。改革开放以来，我国城镇化取得了举世瞩目的成就，但也出现了很多问题，甚至存在着一定程度的城市病，严重制约了经济转型升级。面对新常态，城镇化也处于转型发展的关键时期，能否按照经济新常态要求，转变城镇化发展理念和发展方式，走出一条中国特色的新型城镇化道路，实现城镇化建设新常态，对于稳增长、调结构、转方式的战略意义尤其显著。

一、新型城镇化建设新常态的基本要求

根据发达国家城市化的经验教训、城镇化的发展规律、新型城镇化的内涵要求和我国城镇化发展的实际，新型城镇化建设新常态需要城镇化保持适当的速度、水平、布局和城乡协调、可持续发展。

第一，新型城镇化建设新常态是适度城镇化。要求城镇化水平与经济社会发展水平相适宜，既不能过度超前，也不能过于滞后。判断城镇化率是超前、滞后还是适当，需要从不同的角度、采用不同的方法。既要看城镇化与工业化和经济发展的相互关系，又要进行国际比较，考察同类国家或不同国家同样发展阶段的城市化情况。

第二，新型城镇化建设新常态是速度适中的城镇化。强调速度与质量相协调，即城镇化速度要与经济发展、城市基础设施建设、人民生活水平提高等反映城镇发展质量的指标相协调，既不能太快，也不能太慢，更不能以牺牲城镇化质量为代价片面追求城镇化速度。新型城镇化的实质和核心是人的城镇化，是经济、社会、人口、生态发展的综合体，这些也是反映城镇化质量的要素。

第三，新型城镇化建设新常态是布局合理的城镇化。强调城镇化要科学规划、因地制宜、合理布局、协调有序，即要根据区域的资源环境承载能力、发展基础和潜力，构建以城市群为主体形态、大中小城市和小城镇协调发展的城镇化空间形态。从国际上看，在特定发展阶段，人口过度集聚和规模过大的特大城市都不同程度地存在"大城市病"。

第四，新型城镇化建设新常态是城乡协调发展的城镇化。强调城镇化和新农村建设"双轮驱动"，形成城乡一体、良性互动的协同发展态势。城乡协调包括城乡政治协调、经济协调、生态环境协调、人口协调、文化协调、空间协调等方面，观念上城乡差别消除，发展模

式上在城市发展的同时实现农村现代化，功能上强调城乡的一体化职能，空间和景观生态上城乡紧密联系、相互依存。

第五，新型城镇化建设新常态是可持续发展的城镇化。强调城镇化发展要与人口、资源、环境相协调，即新型城镇化必须将生态文明融入全过程，实现人口、经济、资源和环境相协调，建设生态文明的美丽中国，实现中华民族永续发展。当前，我国正处于工业化、城镇化和生态文明建设三重任务的叠加时期，随着城市人口的急剧增长及城市规模的迅速扩张，城镇化可持续发展问题备受考验。目前，一些城市"十面霾伏"、垃圾围城，给我们敲响了警钟。迫切要求转变经济发展方式，促进城镇化与生态文明深度耦合，处理好城镇化发展和资源环境的关系。

二、实现新型城镇化建设新常态的新理念

新型城镇化是一项复杂的社会系统工程，不仅涉及政府、企业、农民、市民多种主体，也涉及经济、社会、政治、文化、生态等多种领域，按照新型城镇化建设新常态的要求，遵循市场规律，科学规划、合理布局，以提高城镇化质量为核心，促进城镇化健康发展。

一是科学规划，完善城镇化战略格局。城镇化战略格局关系到城镇化的发展方向，是中国现代化发展战略的重要内容。要在国家现代化战略布局框架下，以科学发展观为指导，认真研究制定我国城镇化发展的中长期规划和综合性的政策措施。要合理确定大中小城市和小城镇的功能定位、产业布局、开发边界，形成基本公共服务和基础设施一体化、网络化发展的城镇化新格局。特别要遵循城市发展的客观规律，考虑不同规模和类型城镇的承载能力，以大城市为依托，逐步形成辐射作用大的城市群，促进大中小城市和小城镇科学布局，加快构建和完善"两横三纵"的城镇化战略格局。要科学规划城市群内各

城市功能定位和产业布局，积极挖掘现有中小城市发展潜力，优先发展区位优势明显、资源环境承载能力较强的中小城市。

二是以人为本，有序推进农民工市民化。有序推进农民工市民化，需要树立包容性理念，以人为本，逐步降低城镇化门槛。一要根据城市的规模和综合承载能力，以就业年限、居住年限和城镇社会保险参加年限为基准，降低农民工落户条件。二要适应农民工高流动性要求，尽快实现社会保障权益可顺畅转移、接续，逐步建立全国统一的社会保障体系。三要积极完善多层次、多元化的住房保障体系，逐步将农民工纳入住房保障体系。四要加强农民工教育和培训，提高农民工的就业能力和收入水平。五要多渠道筹措资金，建立农民工市民化成本分担和资金筹措机制，解决农民工市民化的高额成本难题。

三是四化同步，促进城镇化与新型工业化、信息化和农业现代化协调发展。从国际经验和我国实际情况看，工业化是城镇化的发动机，城镇化是工业化的促进器，城镇化必须有产业和市场支撑，城镇化超前或是滞后都不利于工业化的健康发展。城镇化是信息化的主要载体，为信息化的发展提供广阔的发展空间，为信息产业提供需求和市场；信息化提升城镇化的品质，提升和整合城镇功能，使城镇功能和产业结构进一步优化，带动城镇化向更高级的城镇化迈进。新型城镇化必须和农业现代化相辅相成，共同发展。农业现代化是城镇化发展的基础，城镇化是实现农业现代化的前提，并带动农业现代化的发展。城镇化需要产业支持，需要城乡协调发展，有城无业的城镇化是不可持续的。四化同步，就是要推动信息化和工业化深度融合、工业化和城镇化良性互动、城镇化和农业现代化相互协调，促进城镇发展与产业支撑、就业转移和人口集聚相统一，促进城乡要素平等交换和公共资源均衡配置，形成以工促农、以城带乡、工农互惠、城乡一体的新型工农、城乡关系。

四是促进融合，将生态文明融入城镇化全过程。以城镇化为主要载体，将生态文明融入城镇化全过程，这是新型城镇化和生态文明建设的共同要求。将生态文明融入城镇化全过程，要以主体功能区战略为指导，科学地制定与资源环境承载能力相适应的城镇化规划；要形成适应市场需求结构、可持续发展的产业结构体系，推进城镇生产方式的绿色、循环和低碳化转型；要围绕实现人的全面发展，加强城镇综合服务功能的建设；要努力培育生态文明意识，完善生态文化基础设施和公共服务载体建设，发展生态文化产业，形成永续传承的生态文化；要建立以生态补偿机制为主，均衡性转移支付和地区间横向援助机制为辅的经济手段，促进区域城镇化的协调发展；要以科学的考评机制为载体，落实城镇化的生态文明"绿色导向"。

五是正确处理政府与市场的关系。这是实现新型城镇化建设新常态的关键。城镇化既是自然历史过程，又是经济社会发展过程。推进新型城镇化建设必须从我国社会主义初级阶段基本国情出发，遵循规律、因势利导，使城镇化成为一个顺势而为、水到渠成的发展过程，切不可靠行政命令层层加码、级级考核，不要急于求成、拔苗助长。既要反对市场万能，又要纠正市场失灵；既要反对政府万能，又要防止一放就乱。要明确市场与政府的合理边界，正确发挥市场和政府作用，确保城镇化健康发展。一方面要坚持微观交给市场，健全市场体系，完善市场机制，把错装在政府身上的手换成市场的手，把本该由市场可以办好的事情交给市场，充分发挥市场配置资源的决定性作用。另一方面要明确政府边界，改变宏观调控方式，转变政府职能，下放行政审批权，做到在位而不缺位、有为而不乱为，正确发挥政府在规划引导、基本公共服务提供、社会管理和生态环境保护、深化重点领域和关键环节改革等方面的作用。要坚持扬长避短、趋利避害、两手结合。

三、实现新型城镇化建设新常态的体制机制保障

城镇化是一系列公共政策的集合，城镇化的健康发展离不开改革，离不开体制机制创新。新常态下，推进新型城镇化健康发展，必须把深化改革特别是体制改革放在十分突出的位置，加大难题的破解。

一是统筹推进户籍制度改革。深化户籍制度改革，必须以城乡一体化、迁徙自由化为目标和方向，在中央的统一规划下，加快剥离户口所依附着的福利功能，恢复户籍制度的本真功能，同时改革嵌入户籍制度之中的其他二元制度，分类整体推进。首先要剥离户籍制度的福利分配功能，恢复其本身的管理功能。要打破城乡分割的农业、非农业二元户口管理结构，建立城乡统一的户口制度。特大城市和大城市要合理控制人口规模。要建立健全深化户籍制度改革的配套制度。这也是户籍制度改革的难点所在。要继续弱化直至最后消解城市户口的附加利益，必须同时解决土地制度、劳动就业制度、社会保障制度等的配套改革问题。

二是深化土地管理制度改革。按照解放和发展生产力，提高土地利用效率和城镇化的质量、保障农民利益的要求深化土地制度改革。要切实保护农民合法土地权益。要按照有明确和保护土地用益物权的思路，建立以承包权为核心的土地产权制度，并完善土地产权法律制度。要完善征地和流转制度，严格界定公益性和经营性建设用地，逐步缩小征地范围，完善征地补偿机制，提高对农民的征地补偿标准。要在注重粮食安全和保护耕地的前提下，逐步放开农村集体建设用地流转后上市交易，保护农民成为农村集体用地交易主体地位，使农村集体建设用地与城市建设用地真正实现同地、同权、同价。

三是完善住房保障制度改革。要以解决城镇低收入群体和农民工

保障性住房为重点，完善住房保障制度体系。一要坚持市场供应为主，加大保障性住房供给，建立覆盖不同收入群体的城镇住房多元化供应体系。二要完善住房保障体系，加大经济适用房和廉租房建设力度，大力发展公共租赁住房，增加对城镇中低收入群体的住房供给。三要将住房保障纳入公共财政体系，建立稳定的住房保障资金渠道。四要多渠道、多形式改善农民工居住条件，逐步将符合条件的农民工纳入城镇住房保障体系。

四是深化财税金融体制改革。要通过财税金融体制改革，形成有利于城镇化健康发展的激励机制。建立健全公共服务能力，调整财政支出结构，强化政府基本公共服务供给的责任，推进建立包括农民工在内的基本公共服务体系，探索农业人口市民化的成本分担责任和时间安排；加大中央财政转移支付力度，逐步提高中央财政在义务教育、基本养老、基本医疗等基本公共服务支出中的比重；加快地方税收体系建设，培育稳定的地方收入来源，加快开征房产税，增强地方政府提供基本公共服务的能力；合理确定土地出让收入在不同主体间的分配比例，将政府土地出让收入纳入公共财政进行管理，提高土地出让收入的使用效率，减少地方政府对土地财政的依赖。

五是优化行政区划设置改革。加快形成设置科学、布局合理、功能完善、集约高效的行政管理体制，行政区划优化设置也越来越重要。依法调整行政区划，逐步减少地方政府层级。调整的方向是逐步调整省、县规模，适当把大省缩小，把小县扩大。适当增设直辖市，实行合理布局。增设直辖市的数量不宜过多，要强调城市质量，注意合理布局，要有带动性。加快省域区域中心城市的形成，重点发展县级市。推进省直县改革探索，适当增加县级市。整县改市还是切块设市，都是城镇化发展的客观要求。重新启动县级市的审批条件已经成熟，不宜拖久。启动大镇强镇改革试点。对于经济实力较强，城镇化水平较高的城镇应该积极进行设市或改区的改革，注重总结浙江、广东等省的经验，探索大镇强镇管理改革的新模式。

第六节　依靠改革实现区域协调与陆海统筹新常态

党的十八大之后，习近平总书记审时度势，提出了新的区域发展战略思想。他多次强调要继续实施西部开发、东北振兴、西部崛起、东部率先的区域发展总体战略，提出和推动了许多全新的区域战略构想和战略举措，比如丝绸之路经济带、海上丝绸之路[①]、京津冀协同发展、长江经济带等，为传统区域发展的理论和实践赋予了全新的内涵。中国经济是典型的大国经济，区域发展条件差异特征突出，实施促进区域协调发展的国家战略，是实现中国经济转型的重要保障。新常态下，我们必须遵循经济发展规律，主动适应新变化，深刻认识新趋势。通过完善区域政策，调整区域结构，充分挖掘区域潜力，促进各地区协调发展、协同发展、共同发展，为经济发展释放出更为长期、持久的动力。

一、京津冀协同发展：从各自为政到协同发展

新中国成立六十多年来，我国区域协调发展战略框架经过三次大的调整，逐渐成型。新常态下，新一届领导把区域发展提升为国家战略，核心思路是打破过去的"一亩三分地"思维，顶层设计、协同推进，全面提升区域发展的质量。从以往多强调效率目标，转向更多地强调公平目标，多"雪中送炭"，少"锦上添花"，既追求促进各区域

---

① 有关丝绸之路经济带、海上丝绸之路的内容在本章的第七节予以阐述。

之间均衡发展的"公平"，又兼顾促进国民经济增长的"效率"，充分体现了"均衡（公平）优先、兼顾增长（效率）"的价值导向，多方面扶持、引导不发达地区的发展，弥补市场效应的不足。同时，强化分类指导，充分发挥地区优势。立足于地域差异性，针对不同类型地区的实际情况，因地制宜、因地施策，实行差别化的区域调控政策，扭转区域政策的"一方包治百病"、全国"一刀切"的定式。

京津冀地缘相接、人缘相亲，地域一体、文化一脉，历史渊源深厚、交往半径相宜，三地人口加起来有1亿多，土地面积有21.6万平方公里。但长期以来，京津冀发展呈现了巨大的落差，难以成为带动中国经济新一轮发展的动力源。习近平总书记一直十分关心京津冀协同发展。2013年5月，他在天津调研时提出，要谱写新时期社会主义现代化的京津"双城记"。2013年8月，习近平总书记在北戴河主持研究河北发展问题时，又提出要推动京津冀协同发展。此后，习近平总书记多次就京津冀协同发展作出重要指示，强调解决好北京发展问题，必须纳入京津冀和环渤海经济区的战略空间加以考量，以打通发展的大动脉，更有力地彰显北京优势，更广泛地激活北京要素资源，同时天津、河北要实现更好发展也需要连同北京发展一起来考虑。2014年2月26日，习近平总书记在北京主持召开座谈会，专题听取京津冀协同发展工作汇报，强调实现京津冀协同发展，是面向未来打造新的首都经济圈、推进区域发展体制机制创新的需要，是探索完善城市群布局和形态、为优化开发区域发展提供示范和样板的需要，是探索生态文明建设有效路径、促进人口经济资源环境相协调的需要，是实现京津冀优势互补、促进环渤海经济区发展、带动北方腹地发展的需要，是一个重大国家战略，要坚持优势互补、互利共赢、扎实推进，加快走出一条科学持续的协同发展路子来。

推进京津冀协同发展需从七个方面着手：一是要着力加强顶层设

计，抓紧编制首都经济圈一体化发展的相关规划，明确三地功能定位、产业分工、城市布局、设施配套、综合交通体系等重大问题，并从财政政策、投资政策、项目安排等方面形成具体措施。二是要着力加大对协同发展的推动，自觉打破自家"一亩三分地"的思维定式，抱成团朝着顶层设计的目标一起做，充分发挥环渤海地区经济合作发展协调机制的作用。三是要着力加快推进产业对接协作，理顺三地产业发展链条，形成区域间产业合理分布和上下游联动机制，对接产业规划，不搞同构性、同质化发展。四是要着力调整优化城市布局和空间结构，促进城市分工协作，提高城市群一体化水平，提高其综合承载能力和内涵发展水平。五是要着力扩大环境容量生态空间，加强生态环境保护合作，在已经启动大气污染防治协作机制的基础上，完善防护林建设、水资源保护、水环境治理、清洁能源使用等领域合作机制。六是要着力构建现代化交通网络系统，把交通一体化作为先行领域，加快构建快速、便捷、高效、安全、大容量、低成本的互联互通综合交通网络。七是要着力加快推进市场一体化进程，下决心破除限制资本、技术、产权、人才、劳动力等生产要素自由流动和优化配置的各种体制机制障碍，推动各种要素按照市场规律在区域内自由流动和优化配置。

二、长江经济带：从局部增长到全面成长

面对经济新常态，必须以创新思维推进区域成长，形成并促进区域发展的增长极、增长轴、增长带。新常态下的区域战略，强调眼光放得更长远些，要"全国一盘棋"，着力优化结构、协同发展。当前，我国的区域发展战略实施范围基本上覆盖了全部国土，形成了沿海、沿江、沿边、沿线和内陆纵深推进的全方位开放格局，区域经济呈现出相对均衡的增长态势，地区差距逐步缩小。如中西部地区主要经济

指标增速已连续多年高于东部地区。

长江经济带是比肩京津冀协同发展的国家级战略。2013年7月，习近平考察湖北时指出，"长江流域要加强合作，发挥内河航运作用，把全流域打造成黄金水道。"2014年4月25日举行的中央政治局会议上，习近平提出"推动京津冀协同发展和长江经济带发展"。2014年4月27日，李克强考察重庆时，再次提出要用黄金水道串起长江经济带"珍珠链"，为中国经济持续发展提供重要支撑。

长江经济带东起上海、西至云南，覆盖11个省市区，整个面积占国土面积的近40%，人口占总人口的48%以上，是我国农业、工业、商业、文化教育和科学技术等方面最发达的地区之一。长江经济带地处国土中心，横贯东西、连接南北、通江达海，资源丰富、经济发达，客观上不仅具有缩小东西差距的物质基础，还具有一肩挑两头的区域特征，是推动全国经济东西联动和全面振兴的最佳"战略扁担区"。长江经济带作为纽带，既连接了长三角、长江中游城市群和成渝经济区三个板块，又与其他两大经济带形成呼应：一方面与"新丝绸之路"经济带平行并进，另一方面与沿海经济带形成"T"字形联动。未来将形成沿海、沿边、长江流域同时开发，东、中、西部一体化发展的区域格局。在长江经济带，上海、浙江、江苏是我国经济发达地区，是经济快速发展的"龙头"，能成为带动长江流域发展的动力源；而安徽、湖北、湖南北部、重庆、四川等省份经济也处于快速发展阶段。长江经济带发展好了，我国经济的基础就打牢了。

打造长江经济带，一是加快打造长江黄金水道，加强航运、高铁等交通基础设施建设，实现区域内的互联互通，降低流通成本，增加经济活力。二是建立健全区域间互动合作机制，打破行政区划壁垒。长江经济带要让人才、资金、生产要素等资源自由地流动，更好发挥市场在优化资源配置中的决定性作用，必须打破行政区划壁垒。各省市要跳出省市发展省市，充分利用外部资源为我所用，补足"短板"，为地区的稳定、持续与健康发展提供坚实基础。与此同时，各省市也要实现差异化特色发展，避免同质化恶性竞争。三是密切加强长江中游城市群的协作，共创共享，打造中国经济脊梁。四是利用新型城镇化建设的机遇实现经济转型，在承接产业转移的同时，吸引沿海打工的农民工回家创业或本地就业。五是积极探索建立长江流域的水生态环境保护机制，因地制宜推行河长、湖长制，加强生态建设力度。

三、陆海统筹：从碎片化布局到整体性规划

经济全球化时代，海洋是国际交往和国际合作不可或缺的新的重要平台，海洋充分发挥了"蓝色大动脉"的作用，海运是促进全球贸易发展的重要支撑力量，海运航道已成为具有全球战略意义的资源。世界各沿海国家都把蓝色海洋国土的开发作为重大发展战略，下大力气予以实施。

2012 年 11 月，党的十八大提出"建设海洋强国"战略，我国在宏观战略上开始摒弃"重陆轻海"的传统思维与做法，转而采取"重陆兴海、兴海强国、陆海统筹"的发展思路，这是我国政府在国家发展思维上的重大战略性转变。我国是一个海洋大国，海洋国家利益的得失直接决定或影响着国家政治、经济、安全、文明进步的走向，决定和影响着国家的前途命运。维护海洋国土主权和安全，解决祖国统一问题、南海问题、钓鱼岛问题，保证海外合法利益不受侵犯，保证海外航线安全等问题，都需要重视海洋的军事意义，加强海上作战力量建设。只有加快建设海洋强国步伐，加强与海洋相关的综合力量建设，才能有效地维护海洋国土不受外来侵犯，以过硬的实力维护国家海洋国土主权安全，保证我国海洋利益不受侵犯。

陆海统筹是建设海洋强国，构建大陆文明与海洋文明相容并济的可持续发展格局的重要战略举措。从全球发展趋势上看，进入 21 世纪，随着陆地资源因长期的开发利用而日趋减少，人类要维持自身的生存与发展，必须充分开发利用和保护地球上宝贵的海洋资源。我国曾是最早开发、利用海洋的国家之一，但在历史发展的长河中，黄土文明将海洋文明湮没了。文化上，海洋意识淡薄；经济上，重农抑商；安全上，海权意识模糊，"海防"让位于"塞防"，有海无防。"海禁""片帆不得下海"的做法在相当长的时期内大行其道。在陆海统筹发展的战略举措下，实施海洋开发战略，促进海洋经济发展，是贯彻落实建设海洋强国战略的重点，将有助于拓展国土开发的新空间，培育中国经济新常态的新增长点。

坚持陆海统筹，一是加紧制定统一的海洋经济发展规划。要按照既突出区域发展的优势特色，又促进区域互补合作的原则，合理布局各个产业，有效避免产业结构的趋同化。二是紧密跟踪和把握国际海洋经济发展的前沿和趋势，明确海洋经济发展的总体目标和方向。三是打破区域间的分隔，协调处理好沿海各区域的利益关系，使海洋经济发展既有区域合理分工，又能互融互促。

第七节　依靠改革实现高水平开放型经济新常态

如何构建开放型经济新体制，习近平总书记在 2014 年 APEC 工商领导人峰会上给出了精辟的论述："我们全面深化改革，就要推进高水平对外开放。中国致力于构建开放型经济新体制，放宽市场准入，扩大服务业包括资本市场的对外开放，扩大内陆沿边开放；致力于建立发展创新、增长联动、利益融合的开放型亚太经济格局，推动在今年启动亚太自由贸易区进程，制定亚太经合组织推动实现亚太自由贸易区路线图；积极探索准入前国民待遇加负面清单的管理模式，为中国全面深化改革开放探索新途径、积累新经验。"①

一、放宽投资准入

放宽投资准入，首先是放宽外商投资市场准入，其次是改革对外投资管理体制。

第一，放宽外商投资市场准入——"准入前国民待遇和负面清单"管理模式。利用外资是我国经济对外开放的重要内容，是我国经济发展的重要发动机。为了更好地发挥外资的积极作用和不断提高利用外资的质量，党的十八届三中全会通过的《中共中央关于全面深化改革若干重大问题的决定》明确提出"统一内外资法律法规，保持外资政策稳定、透明、可预期"，这一表述意味着对内外资实现一视同仁，可视为《中共中央关于全面深化改革若干重大问题的决定》中明确的"建设统一开放、竞争有序的市场体系"在对外开放领域的自然延伸。从国际趋势看，贸易政策的重心正从"第一代贸易政策"（如关税、许可证等）转向"第二代贸易政策"（如投资、竞争政策、贸易便利化、放松管制、环境等）。多年来，我们采取逐案审批和产业指导目录的外资管理方式，同时，在一些领域对内外资企业实行不同的法律法规。这种管理方式的优点是产业政策导向性强，缺点是审批环节多，政策稳定性不足，容易导致"玻璃门""弹簧门"等问题，行政成本和营商成本都较高。而目前国际上有七十多个国家都采用"准入前国民待遇和负面清单"管理模式，负面清单是国际上重要的投资准入制度。随着上海自贸区挂牌，2013 年版的负面清单也随之发布。

---

① 习近平：《谋求持久发展，共筑亚太梦想——在亚太经济组织工商领导人峰会开幕式上的演讲》，《人民日报》2014 年 11 月 10 日。

这份最新出炉的清单明确列出了不予外商投资准入或有限制要求的领域，涉及国民经济行业 1069 个小类中的 17.8%，超过八成的行业开放。到目前为止，我国对外资的管理一直采用的是正面清单模式，由"正"转"负"，这是我国第一次采用负面清单管理外商对华投资，按照"非禁止即开放"的原则，清单之外的行业及项目全部开放。负面清单只列出不允许项目，其他没有列入的都允许投资，推进金融、教育、文化、医疗等服务业领域有序开放，放开育幼养老、建筑设计、会计审计、商贸物流、电子商务等服务业领域外资准入限制，扩大服务业市场准入，进一步开放制造业，推广上海自由贸易试验区经验，稳定外商投资规模和速度，提高引进外资质量。

第二，改革对外投资管理体制，向投资强国迈进。从贸易大国到投资大国、从商品输出到资本输出，是开放型经济转型升级的必由之路。对于缓解我国资源瓶颈制约、推动国内产业提质增效、提高企业国际化经营水平具有十分重要的意义。2000 年，中国政府提出了"走出去"战略，鼓励中国企业对外直接投资，充分利用国际、国内两个市场、两种资源。目前中国从事跨国投资与经营的各类企业已发展到3 万多家，对外投资遍及世界 160 多个国家。加快实施"走出去"战略，推动优势产业走出去，开展先进技术合作，关键是深化对外投资管理体制改革，放宽对外投资的各种限制，落实"谁投资、谁决策、谁受益、谁承担风险"的原则，确立企业及个人对外投资的主体地位，减少审批环节，缩短审批时间，切实为企业"走出去""松绑"。对此，《中共中央关于全面深化改革若干重大问题的决定》提出了"三个允许"，即"允许企业和个人发挥自身优势到境外开展投资合作，允许自担风险到各国各地区自由承揽工程和劳务合作项目，允许创新方式'走出去'开展绿地投资、并购投资、证券投资、联合投资等"。这充分体现了国家支持企业加快"走出去"的政策导向。

经过三十多年的快速发展及国内市场的充分竞争，我国企业规模明显增强，经济实力持续提升，拥有了一套完备的工业体系。我国很多传统制造业如纺织、家电、冶炼、化工、中低端电子、食品加工等劳动密集型产业，技术已经相当成熟，相对于那些正处于劳动密集型产业上升期、劳动力成本低廉的发展中国家和地区而言，具有明显的产业比较优势。中国的成套设备、中国高铁、中国核电等都具备了"走出去"的实力。习近平总书记在2014年3月的荷兰核安全峰会期间，力推中国核电"走出去"，在荷兰会见英国首相卡梅伦时表示，双方应该在核电、高铁、高技术、金融等领域打造示范性强的"旗舰项目"，深化教育、科技、媒体等交流合作，便利人员往来。伴随着中国经济实力的增强以及中国融入世界经济程度的不断加深，如何建立中国自主的国际生产体系，实现在全球范围内资源配置的最优化和效益的最大化，已经成为当前中国企业"走出去"时无法回避的重要问题。习近平总书记在2013年的亚太经合组织工商领导人峰会上的演讲给出了很好的回答："坚持'引进来'和'走出去'并重，提高国际投资合作水平；深化涉及投资、贸易体制改革，完善法律法规，为各国在华企业创造公平经营的法治环境。"① 因此在政策制定上，要像重视"引进来"一样重视"走出去"，进行系统研究，把它上升到立法层面，建立法律保护和支持体系。通过法律手段规范和引导企业在海外有序竞争，用"组合拳"来解决问题。一是制定系统性的战略，确定政策目标；二是加强立法支持，如制定海外投资促进保护法；三是放松管制，强化市场主体，简化审批程序，帮助企业"走出去"；四是政府应向企业提供咨询、保障等必要的服务，降低企业负担，如财税政策上避免"双重征税"等。在"走出去"问题上要理顺政企关

① 习近平：《深化改革开放，共创美好亚太——在亚太经合组织工商领导人峰会上的演讲》，《人民日报》2013年10月8日。

系，应以市场为导向，由企业自主决策，政府不要替代企业，要避免将海外投资项目"政治化"，干预企业经营，而应引导企业有序投资，并提供法律和政策上的支持。

二、加快自由贸易区建设

目前我国已经签署了12个自由贸易协定，涉及20个国家和地区，但与发达国家相比，总体水平不高、规模有限，为了确保我国在全球自贸区格局调整中不被边缘化，党的十八届三中全会中明确提出"改革市场准入、海关监管、检验检疫等管理体制，加快环境保护、投资保护、政府采购、电子商务等新议题谈判，形成面向全球的高标准自由贸易区网络"，表明我国在未来自贸区谈判标准上要摆脱被动处境，摆脱"规则接受者"的被动局面，主动融入全球高标准自由贸易区的战略考量。

第一，坚持双边、多边、区域次区域开放合作。从中国已签订协议的自由贸易区来看，既有与东盟等区域经济合作，又有与新西兰、新加坡、智利、冰岛、瑞士等国双边区域经济合作。中国坚持双边、多边、区域次区域的发展，如与周边国家日本、韩国的多边区域经济合作，与上海合作组织的区域经济合作，大湄公河次区域经济合作、大图们江流域次区域合作等。

除自由贸易区外，中国还可以发展具有实质性优惠安排的贸易协定和定期的经贸合作论坛。中国参加的第一个具有实质意义的区域性优惠贸易安排就是《亚太贸易协定》，并成功地实施了关税减让。中国可针对不同的国家和情况采取不同的合作方式，而且随着情况的变化可以将区域优惠贸易安排和经贸合作论坛转化为自由贸易区这一具有更高层次和合作内容的区域贸易安排。

第二，重点建立和完善富有区域特色的自由贸易区。亚太经合组织是我国最早加入的区域合作机制，对我国有积极的意义。我国与 APEC 成员的贸易额占对外贸易额的 60%，实际利用外资的 83% 来自 APEC 成员，对外直接投资的 69% 流向 APEC 成员。在我国 19 大贸易伙伴中，有 8 个是亚太经合组织成员，对我国而言，主动推进 APEC 自贸区建设进程具有更大的战略意义。2014 年是 APEC 中国年，也是中国深化改革元年。习近平总书记在亚太经合组织第二十二次领导人非正式会议上的闭幕辞中谈到"区域经济一体化是亚太地区长期保持强劲增长的动力源。亚太经合组织应该继续发挥引领和协调作用，为亚太经济一体化谋划新愿景，共同打造开放、包容、均衡、普惠的区域经济合作架构。我们决定启动和推进亚太自由贸易区进程，批准《亚太经合组织推动实现亚太自由贸易区路线图》。这是我们朝着实现亚太自由贸易区方向迈出的实质性一步，标志着亚太自由贸易区进程的正式启动，体现了亚太经合组织成员推进区域经济一体化的信心和决心。这一成果将把区域经济一体化水平提升到新的高度，也将使太平洋两岸的经济体广泛受益，为亚太经济增长和各成员共同发展注入新的活力"[①]。启动亚太自贸区（FTAAP）具有三大优势：一是成员国具有广泛性和多样性，推进自贸区建设受惠者众多。二是亚太地区是全球价值链分布范围最广的地区之一，对启动和建设自由贸易区有内在需求。三是亚太地区拥有全球最多的自贸区组织，设计合理路径可以使之整合为地区新优势。

日本和韩国是中国重要的贸易伙伴和直接投资来源国，三国经济活动及人员往来密切，相互依存度较高，建立中日韩自由贸易区对促进东亚的稳定和合作有重要的现实意义。而且随着美国实施新的亚太

---

① 习近平：《在亚太经合组织第二十二次领导人非正式会议上的闭幕辞》，《人民日报》2014 年 11 月 11 日。

区域合作战略，如何摆脱美国区域经济合作战略的限制，推进具有中国话语权的东亚经济一体化显得格外重要。

三、建设"丝绸之路经济带"和"21世纪海上丝绸之路"

我国同14个国家毗邻，陆路边境总长2.28万公里，沿边139个县级行政区国土面积合计约200万平方公里，居住着45个少数民族。加快沿边开放，对优化对外开放格局、促进区域协调发展、建设繁荣稳定的边疆具有重大战略意义。习近平总书记在出访中亚和东南亚国家期间，分别提出共同建设"丝绸之路经济带"和"21世纪海上丝绸之路"的战略构想，引起相关国家的强烈共鸣，为我国加快沿边开放带来了重大机遇。

一是建设"丝绸之路经济带"。习近平总书记在纳扎尔巴耶夫大学的演讲中提到"为了使欧亚各国经济联系更加紧密，相互合作更加深入，发展空间更加广阔，我们可以用创新的合作模式，共同建设'丝绸之路经济带'"。这是一项造福沿途各国人民的大事业。我们可以从以下几个方面先做起来，以点带面，从线到片，逐步形成区域的大合作。第一，加强政策沟通。各国可以就经济发展战略和对策进行充分交流，本着求同存异原则，协商制定推进区域合作的规划和措施，在政策和法律上为区域经济融合"开绿灯"。第二，加强道路联通。上海合作组织正在协商交通便利化协定。尽快签署并落实这一文件，将打通从太平洋到波罗的海的运输大通道。在此基础上，我们愿同各方积极探讨完善跨境交通基础设施，逐步形成连接东亚、西亚、南亚的交通运输网络，为各国经济发展和人员往来提供便利。第三，加强贸易畅通。丝绸之路经济带总人口30亿，市场规模和潜力独一无二。各国在贸易和投资领域合作潜力巨大。各方应该就贸易和投资便利化问题进行探讨并作出适当安排，消除贸易壁垒，降低贸易和投资成本，提高区域经济循环速度和质量，实现互利共赢。第四，加强货币流通。中国和俄罗斯等国在本币结算方面开展了良好的合作，取得了可喜成果，也积累了丰富经验，这一好的做法有必要加以推广。如果各国在经常项目下和资本项目下实现本币兑换和结算，就可以大大降低流通成本，增强抵御金融风险的能力，提高本地区经济的国际竞争力。第五，加强民心相通。国之交在于民相亲。搞好上述领域的合作，必须得到各国人民的支持，必须加强人民的友好往来，增进相互了解和传统友谊，为开展区域合作奠定坚实的民意基础和社会基础。

二是建设"21世纪海上丝绸之路"。习近平总书记在印度尼西亚国会的演讲中提到"计利当计天下利"。中国愿在平等互利的基础上，扩大对东盟国家开放，使自身发展更好惠及东盟国家。中国愿提高中国—东盟自由贸易区水平，争取使2020年双方贸易额达到1万亿美元。中国致力于加强同东盟国家的互联互通建设，中国倡议筹建亚洲基础设施投资银行，愿支持本地区发展中国家包括东盟国家开展基础设施互联互通建设。东南亚地区自古以来就是"海上丝绸之路"的重要枢纽，中国愿同东盟国家加强海上合作，使用好中国政府设立的中国—东盟海上合作基金，发展好海洋合作伙伴关系，共同建设21世纪"海上丝绸之路"。中国愿通过扩大同东盟国家各领域务实合作，互通有无、优势互补，同东盟国家共享机遇、共迎挑战，实现共同发展、共同繁荣。

四、积极参加国际博弈与全球治理

第二次世界大战后诞生和形成的全球经济治理机制，总体上以西方七国集团为决策核心，反映了发达国家占主导地位的世界经济政治格局。随着历史的演进，不平衡、不合理的地方逐步凸显。全球金融危机爆发后，全球经济治理机制有所调整，呈现出以下特点：

一是力量对比发生变化但权力分配格局依旧。近年来，发展中国家在全球经济中的比重快速上升，发达国家经济实力相对衰落，世界经济版图中的"南升北降"趋势明显，据国际货币基金组织统计，新兴经济体增长速度明显快于发达经济体，其经济总量占世界经济总量的比重进一步上升。尼尔·弗格森在《西方的衰落》中写到，当今的西方国家经济由于过多的债务、经营失误的银行、不平等加剧等因素，这些社会制度的病态化正在蚕食过去 500 年的成果，可称得上"不光彩的革命"。亚当·斯密的《国富论》写于 1776 年，当时中国的法律和制度状况使国家处于经济停滞的"静止状态"。1978 年，美国人平均比中国人富裕二十多倍，而如今不过五倍而已。

西方世界与其他地方的差距在大幅缩小。解释非西方国家的成功在于它们大部分（并非全部照搬）借鉴了西方文明的所谓"撒手锏"，即经济竞争、科学革命、现代医学、消费社会、工作伦理。但全球经济治理机制中"南弱北强"的权力分配格局未有实质性变革。主要表现在：一是发达国家拥有多数投票权和否决权。尽管在二十国集团推动下，国际货币基金组织和世界银行改善了份额分配，发展中国家的权重有所增加，但仍与其经济比重不相匹配，美国仍拥有国际货币基金组织唯一的否决权。二是发达国家把控了议题的设置和机构的运作。金融危机后，二十国集团、亚太经合组织等国际组织的焦点议题如全球经济失衡、参考性指南、碳关税、气候变化融资、环境产品和服务自由化等，都主要体现了发达国家的利益，发展中国家往往疲于应付。

二是二十国集团取代七国集团成为全球经济治理的主要平台。在应对金融危机的国际协调中，二十国集团峰会机制应运而生，新兴大国组成的"金砖国家"合作机制稳步发展。与七国集团、八国集团等传统全球经济治理平台相比，二十国集团是发展中国家首次平等参与全球经济事务的平台，发达国家成员与发展中国家成员数量基本对等，其代表性和平衡性大为改善，反映了世界多极化和经济全球化深入发展的客观要求。下一步，二十国集团如能完善配套机制，提高政策协调有效性，将成为新的全球经济治理中的主导力量。

我国加入世贸组织时，美国的基本策略是将中国纳入其主导的多边贸易体制，从中获益并制约中国发展。但十多年过去，我国通过参与多边贸易体制乘势而上，快速发展、实力增强，成为美国经济的主要竞争对手，在多边贸易体制里也成为美国不能低估的主要成员。面对这一变化，美国对中国的多边战略尚处于调整期，一方面仍试图维持其领导地位，另一方面也通过接纳中国参与部分决策过程，迫使中国承担更多责任。

在这样的国际环境下，我国要更加积极主动地参与二十国集团等多边国际组织活动，把我国日益增长的经贸实力转化为制度性权利。特别是要在气候变化、能源安全、粮食安全、贸易金融体系改革等全球性议题上，主动提出新主张、新倡议和新行动方案，增强我国在全球经贸议题设置和规则制定中的主导能力，提升我国为全球提供公共产品和履行大国责任的能力，树立中国负责任大国形象，化解"中国责任论"舆论压力。同时，继续深化同"金砖国家""基础四国"等新兴大国的合作，充实经贸合作内容，巩固和扩大发展中国家共同利益阵营。

第八节　依靠改革实现人民共享改革红利新常态

习近平总书记在 2014 年 APEC 工商领导人峰会上明确指出："我们全面深化改革，就要增进人民福祉、促进社会公平正义。一切改革归根结底都是为了人民，是为了让老百姓过上好日子。"① 我们的人民热爱生活，期盼有更好的教育、更稳定的工作、更满意的收入、更可靠的社会保障、更高水平的医疗卫生服务、更舒适的居住条件、更优美的环境，期盼孩子们能成长得更好、工作得更好、生活得更好。人民对美好生活的向往，就是我们的奋斗目标。中国梦是中华民族的梦，也是每个中国人的梦。实现人民共享改革红利是我们的奋斗目标，是我们全面深化改革的根本出发点和落脚点，也是新常态下我们一切工作的出发点和落脚点。实现人民共享改革红利要做好以下几个方面的工作。

一、健全促进就业创业体制机制

就业，关系人民群众的切身利益，牵动着千家万户的生活。就业是民生之本，只有通过就业，一个人才能获得收入、安居乐业、实现价值，社会才能不断发展和进步。实现人民共享改革红利，首先必须解决好就业问题。在我国这样一个有着13亿多人口的发展中国家，不能较好地解决就业问题，许多愿望和目标都将无法实现。

当前，我国就业工作面临总体就业压力大和结构性劳动力短缺、人才匮乏的突出矛盾。一些沿海地区还面临流动人口比重大、周期性劳动力短缺和劳动力过剩交替出现的问题。做好就业工作，要标准发力，确保完成就业目标，要更好发挥市场在促进就业中的作用，鼓励创业带动就业，提高职业培训质量，加强政府公共就业服务能力。解决就业问题，必须不断促进改革，健全促进就业创业体制机制。建立经济发展和扩大就业的联动机制，健全政府促进就业责任制度。规范招人用人制度，消除城乡、行业、身份、性别等一切影响平等就业的

---

① 习近平：《谋求持久发展，共筑亚太梦想——在亚太经合组织工商领导人峰会开幕式上的演讲》，《人民日报》2014年11月10日。

制度障碍和就业歧视。完善扶持创业的优惠政策，形成政府激励创业、社会支持创业、劳动者勇于创业的新机制。完善城乡均等的公共就业创业服务体系，构建劳动者终身职业培训体系。增强失业保险制度预防失业、促进就业功能，完善就业失业监测统计制度。创新劳动关系协调机制，畅通职工表达合理诉求渠道。

二、形成合理有序的收入分配格局

收入分配问题极其复杂，也是老百姓目前最为关注的问题。改革开放以来，由于我们采取了非均衡发展的战略，一方面，经济得到快速发展，总体人均收入水平大幅度提高；另一方面，又出现了贫富差距扩大的问题，富的和穷的都不满意，出现"端起碗吃肉，放下筷子骂娘"的现象。因此，形成合理有序的收入分配格局对于缩小贫富差距，实现人民共享改革红利具有十分重要的意义。

收入分配制度改革是一项十分艰巨、复杂的系统工程，各地区、各部门要充分认识深化收入分配制度改革的重大意义，把落实收入分配制度、增加城乡居民收入、缩小收入分配差距、规范收入分配秩序作为重要任务，着力解决人民群众反映强烈的突出问题。要着重保护劳动所得，努力实现劳动报酬增长和劳动生产率同步提高，提高劳动报酬在初次分配中的比重。健全工资决定和正常增长机制，完善最低工资和工资支付保障制度，完善企业工资集体协商制度。改革机关事业单位工资和津贴补贴制度，完善艰苦边远地区津贴增长机制。同时，完善以税收、社会保障、转移支付为主要手段的再分配调节机制，加大税收调节力度。建立公共资源出让收益合理共享机制。完善慈善捐助减免税制度，支持慈善事业发挥扶贫济困积极作用。规范收入分配秩序，完善收入分配调控体制机制和政策体系，保护合法收入，调节过高收入，清理规范隐性收入，取缔非法收入，增加低收入者收入，扩大中等收入者比重，努力缩小城乡、区域、行业收入分配差距，逐步形成橄榄型分配格局。

三、建立更加公平可持续的社会保障制度

老有所养，是每个人都必须考虑的问题。老无所依，是每个人都不希望遇到的情况。中国已经进入老龄化社会，老年人口的比例越来越大，人数也越来越多。中国长期实行的计划生育政策，使家庭养老的能力逐渐丧失。建立更加公平可持续的养老保障制度，意味着对将来年老后的生活有了预期，免除了后顾之忧，从社会心态来说，人们多了些稳定、少了些浮躁，这有利于社会的稳定。

建立更加公平可持续的养老保障制度，要坚持社会统筹和个人账户相结合的基本养老保险制度，完善个人账户制度，健全多缴多得的激励机制，确保参保人权益，实现基础养老金全国统筹。推进城乡最低生活保障制度统筹发展。建立健全兼顾各类人员社会待遇的确定制度和调整机制。完善社会保险关系转移接续政策，扩大参保缴费覆盖面，适时适当降低社会保险费率。研究制定渐进式延迟退休年龄政策。同时，要健全社会保障财政投入制度，完善社会保障预算制度。要积极应对人口老龄化，加快建立社会养老服务体系和发展老年服务产业。健全农村留守儿童、妇女、老年人关爱服务体系，健全残疾人权益保障、困境儿童分类保障制度。

四、深化教育领域和医疗体制改革

中国有 2.6 亿名在校学生和 1500 万名教师，发展教育任务繁重。中国将坚定实施科教兴国战略，始终把教育摆在优先发展的战略位置，不断扩大投入，努力发展全民教育、终身教育，建设学习型社会，努力让每个孩子享有受教育的机会，努力让 13 亿人民享有更好

更公平的教育，获得发展自身、奉献社会、造福人民的能力。要大力促进教育公平，健全家庭经济困难学生资助体系，构建利用信息化手段扩大优质教育资源覆盖面的有效机制，逐步缩小区域、城乡、校际差距。统筹城乡义务教育资源均衡配置，实行公办学校标准化建设和校长教师交流轮岗，不设重点学校重点班，破解择校难题，标本兼治减轻学生课业负担。义务教育免试就近入学，试行学区制和九年一贯制对口招生。

要深化医药卫生体制改革，逐步解决"看病贵""看病难"等问题。要统筹推进医疗保障、医疗服务、公共卫生、药品供应、监管体制综合改革。深化基层医疗卫生机构综合改革，加快公立医院改革，落实政府责任。完善合理分级诊疗模式，建立社区医生和居民契约服务关系。促进优质医疗资源纵向流动。加强区域公共卫生服务资源整合。取消以药补医，理顺医药价格，建立科学补偿机制。改革医保支付方式，健全全民医保体系。加快健全重特大疾病医疗保险和救助制度。

五、建立符合中国国情的住房保障制度

"安得广厦千万间，大庇天下寒士俱欢颜。"古往今来，住房始终倾注着人们许多的希冀与憧憬。近十年来，我国房地产业快速发展，一方面，在很大程度上改变了我国过去住房短缺的问题，另一方面，房价快速上涨成为大多数家庭难以承受的负担，望房兴叹。住房问题不仅仅是经济和社会问题，它逐渐成为政治问题，影响着党和政府在人们心中的形象和公信力，建立符合中国国情、人们能够负担得起的住房保障制度刻不容缓。

要总结我国住房改革发展的经验，借鉴其他国家解决住房问题的有益做法，深入研究住房建设的规律性问题，加强顶层设计，加快建立统一、规范、成熟、稳定的住房供应体系。要千方百计增加住房供

应量，同时要把调节人民群众住房需求放在重要位置，建立健全经济、适用、环保、节约资源、安全的住房标准体系，倡导符合国情的住房消费模式。要加快推进住房保障和供应体系建设，要处理好政府提供公共服务和市场化的关系、住房发展的经济功能和社会功能的关系、需要和可能的关系、住房保障和防止福利陷阱的关系。

六、不断推进生态文明建设

"建设生态文明，关系人民福祉，关乎民族未来。""良好的生态环境是最公平的公共产品，是最普惠的民生福祉。"习近平总书记关于生态文明的重要论述，深刻揭示了保护生态环境的民生本质，升华了我们对生态文明建设重要性的认识。我们要把生态文明建设摆在更加突出的位置，在环境改善中不断提高人民群众的生活质量。

建设生态文明，必须建立系统完整的生态文明制度体系，实行最严格的源头保护制度、损害赔偿制度、责任追究制度，完善环境治理和生态修复制度，用制度保护生态环境。健全自然资源资产产权制度和用途管制制度。建立空间规划体系，划定生产、生活、生态空间开发管制界限，落实用途管制。健全能源、水、土地节约集约使用制度。健全国家自然资源资产管理体制，建立统一行使全民所有自然资源资产所有权人职责的体制。坚定不移实施主体功能区制度，建立国土空间开发保护制度。实行资源有偿使用制度和生态补偿制度，改革生态环境保护管理体制。建立和完善严格监管所有污染物排放的环境保护管理制度，独立进行环境监管和行政执法。

后 记

当前，我国经济发展已经进入了新阶段。2014年以来，习近平总书记多次提出中国经济"新常态"问题，中央经济工作会议认为，认识新常态，适应新常态，引领新常态，是当前和今后一个时期我国经济发展的大逻辑。这些极其重要的思想，引起了国内外的极大关注。

"新常态"战略判断的提出，深刻揭示了中国经济发展阶段的新变化，充分展现了党中央高瞻远瞩的战略眼光和决策定力。认真学习和贯彻落实习近平总书记关于经济"新常态"的重要论述，对实现经济持续健康发展、顺利跨越"中等收入陷阱"、加快从经济大国迈向经济强国，具有现实的紧迫性和深远的战略意义。应人民出版社之约，国家行政学院经济学部组织经济学部、发展战略与公共政策研究中心、决策咨询部、研究生院等二十多位教授、副教授等专家学者，共同编写了这本《中国经济新常态》。

2013年以来，国家行政学院在很多学员班次开展学习党的十八大、党的十八届三中全会、四中全会和习近平总书记重要讲话的教学培训工作，并就全面深化改革、打造中国经济升级版、全面推进依法治国等专题进行了深入的研究，多次举办专家座谈会进行研讨。国家行政学院领导陈宝生同志、陈立同志，学院原领导魏礼群同志、韩康同志等对本书的编写工作给予了极大的支持和关心。本书编写组深感责任重大、使命光荣，就本书主题进行了多次集体学习和集体研讨，力求全面把握、准确理解习近平总书记关于中国经济"新常态"的系列重要论述，力图为国家未来经济社会的可持续发展尽到应有的担当与责任。

本书由国家行政学院经济学部主任张占斌教授主持编写，王海燕、周跃辉协助主编做了大量的组织和文字处理工作。国家行政学院经济学教研部办公室的鲍显庄、龚晓伟为本书写作提供了畅通的联络协调和良好的后勤保障工作。人民出版社辛广伟总编辑和经济与管理编辑部副主任郑海燕女士自始至终给本书的编写工作提供了很好的指导意见，作出了许多有益的努力。

编写本书，既是我们教学、培训、咨询工作的延伸，也是服务党中央和国务院工作大局的一种实现形式。编写过程，同时也是我们不断学习、思想认识提高的过程。由于水平有限，写作时间较紧，书中不妥之处，欢迎读者批评指正。

编　者

2014 年 11 月 21 日第一版

2014 年 12 月 25 日修订版

策划编辑：郑海燕

责任编辑：郑海燕　张　燕

责任校对：周　昕

封面设计：吴燕妮

图书在版编目（CIP）数据

中国经济新常态／国家行政学院经济学教研部　编著．

　－北京：人民出版社，2015.1（2016.5 重印）

ISBN 978－7－01－014262－3

I.①中… 　II.①国… 　III.①中国经济－经济发展－研究 　IV.① F124

中国版本图书馆 CIP 数据核字（2014）第 281998 号

中国经济新常态

ZHONGGUO JINGJI XIN CHANGTAI

国家行政学院经济学教研部　编著

人民出版社 出版发行

（100706　北京市东城区隆福寺街 99 号）

环球东方（北京）印务有限公司印刷　新华书店经销

2015 年 1 月第 1 版　2016 年 5 月北京第 9 次印刷

开本：710 毫米 × 1000 毫米 1/16　印张：12.5

字数：154 千字　印数：35,001 - 38,000 册

ISBN 978－7－01－014262－3　定价：35.00 元

邮购地址 100706　北京市东城区隆福寺街 99 号

人民东方图书销售中心　电话（010）65250042　65289539